Pe. FLÁVIO CAVALCA DE CASTRO, C.Ss.R.

DESCOBRIR A BÍBLIA NA CASA DE MARIA

Direção editorial:
Pe. Fábio Evaristo R. Silva, C.Ss.R.

Conselho editorial:
Cláudio Anselmo Santos Silva, C.Ss.R.
Edvaldo Manoel Araújo, C.Ss.R.
Ferdinando Mancilio, C.Ss.R.
Gilberto Paiva, C.Ss.R.
Marco Lucas Tomaz, C.Ss.R.
Victor Hugo Lapenta, C.Ss.R.

Coordenação editorial:
Ana Lúcia de Castro Leite

Revisão:
Sofia Machado

Diagramação:
Mauricio Pereira

Capa:
Núcleo de Criação do Santuário Nacional

Dados Internacionais de Catalogação na Publicação (CIP) de acordo com ISBD

C355d	Castro, Flávio Cavalca de
	Descobrir a Bíblia na casa de Maria / Flávio Cavalca de Castro. - Aparecida, SP : Editora Santuário, 2021. 96 p. ; 15,3cm x 23cm.
	ISBN: 978-65-5527-096-9
	1. Religião. 2. Cristianismo. 3. Bíblia. I. Título.
2021-1008	CDD 220 CDU 22

Elaborado por Vagner Rodolfo da Silva - CRB-8/9410

Índice para catálogo sistemático:
1. Bíblia 220
2. Bíblia 22

2ª impressão

Todos os direitos reservados à **EDITORA SANTUÁRIO** — 2021

Rua Padre Claro Monteiro, 342 — 12570-000 — Aparecida-SP
Tel.: 12 3104-2000 — Televendas: 0800 016 00 04
www.editorasantuario.com.br
vendas@editorasantuario.com.br

SUMÁRIO

Apresentação 5

Introdução 15

1. A história da Bíblia 19

2. Nossa Bíblia e seus originais 35

3. Todos os livros da Bíblia 45

4. A Bíblia, Palavra de Deus 55

5. A Bíblia não erra 67

6. A Bíblia bem interpretada 81

7. Como ler a Bíblia 89

APRESENTAÇÃO

DESCOBRIR A BÍBLIA NA CASA DE MARIA

Padre Eduardo Catalfo, C.Ss.R.
Reitor do Santuário Nacional

O missionário redentorista, padre Flávio Cavalca de Castro, assumiu a tarefa de nos ajudar a *Descobrir a Bíblia na Casa de Maria*. Entre outros valores, esta obra ensina que, na companhia da Bíblia, desde o primeiro até seu último livro, somos convidados a percorrer as principais etapas da Revelação Divina. Aprendemos também que se revestir da Palavra de Deus é um ideal a ser conquistado. Ninguém está dispensado desse compromisso irrenunciável. Afinal, como dizia São Jerônimo: *"Ignorar as Escrituras é ignorar Cristo".*

Não faltam aqui as qualidades indispensáveis para um bom livro: elegância no estilo, clareza no jeito de organizar as informações, visão de conjunto na apresentação dos fatos e qualidade literária. O autor nos oferece, de forma resumida, popular e acessível ao grande público, uma chave de leitura para compreendermos melhor o mundo da Bíblia.

Pedagogicamente bem estruturada, a obra está dividida em sete capítulos. Interligados de forma harmônica e progressiva, os principais temas estão desenvolvidos na seguinte ordem: 1. A história da Bíblia; 2. A nossa Bíblia e os seus originais; 3. Todos os livros da Bíblia; 4. A Bíblia, Palavra de Deus; 5. A Bíblia não erra; 6. A Bíblia bem interpretada e, finalmente, 7. Como ler a Bíblia.

Os objetivos deste livro concentram-se em retratar não apenas a origem, história e composição da Bíblia, mas também o modo dinâmico por meio do qual ela tornou-se a Regra de Fé para a vida cristã. Para compreender bem a Sagrada Escritura e descobrir suas principais lições, afirma padre Flávio, é preciso ler a Bíblia com a Igreja. O conteúdo e as principais características dos textos sagrados também mereceram uma explicação clara e oportuna.

A Palavra de Deus na Casa da Mãe

Dom Orlando Brandes, nosso querido Arcebispo, sempre lembra que *"Bíblia na mão, no coração e pé na missão"* devem ser atitudes essenciais no jeito de ser cristão. Nosso leitor está diante de uma ferramenta prática e indispensável para revestir-se da Palavra de Deus. Se você já tem a Bíblia de Aparecida, este livro vai ajudá-lo a vivenciar a Sagrada Escritura.

A figura de Maria está na esteira das grandes mulheres da Bíblia: Sara, Lia, Raquel, Rute, Judite, Ester... Nossa Senhora simboliza as mulheres empoderadas por Deus, que conservaram no coração humildade e confiança. Ela serve sua prima Isabel nas montanhas de Judá, caminha com José em direção a Belém para trazer à luz o Filho de Deus, foge para o Egito em busca de proteção e abrigo. Nas Bodas de Caná e aos pés da Cruz se faz discípula de Jesus.

Nosso amor a Maria não pode ser apenas devocional; tem de ser principalmente bíblico, teológico e sempre ligado ao seguimento de Jesus! Também por isso, o Santuário Nacional é, por excelência e vocação, a *Casa da Palavra*. A Bíblia deve ocupar um lugar central no coração dos devotos de Nossa Senhora. Eis aqui o principal motivo pelo qual oferecemos este livro.

A Casa da Mãe Aparecida é o Santuário da Palavra viva de Deus. Em sua "Casa", com a Mãe, procuramos centrar nossa fé em seu Filho Jesus, nosso Salvador que, na força do Espírito, nos leva ao Pai. Nosso projeto pastoral faz essa oferta de ação evangelizadora aos devotos de Nossa Senhora por vários caminhos, dos quais destacamos a escuta da Palavra de Deus.

A principal atividade do Santuário de Aparecida é oferecer aos romeiros a oportunidade *de uma profunda e decisiva experiência de Deus* e de devoção a sua Mãe, integrando os peregrinos na ação missionária da Igreja. A pregação explícita do Evangelho e a intimidade com as Sagradas Escrituras estão no centro de nosso trabalho pastoral.

Venerar Nossa Senhora a partir do mistério de Cristo é uma tarefa que há mais de 125 anos foi confiada aos Redentoristas, guardiões da pequena e tão querida Imagem da Mãe de Deus, aparecida nas águas do Rio Paraíba do Sul em 1717. Atraídos pelo amor à Virgem Negra, que o povo brasileiro elegeu como Rainha e Padroeira, os primeiros missionários alemães iniciaram a missão de construir em Aparecida a Casa da Palavra, do acolhimento e da evangelização.

Revestir nossa vida com a Palavra de Deus

Revestir com mosaicos bíblicos as fachadas do Santuário Nacional é um convite para nos aproximarmos da Palavra de Deus. Ao colorir as quatro entradas principais da Casa da Mãe, nosso verdadeiro desejo é aproximar os fiéis dos textos sagrados. Queremos que os devotos de Nossa Senhora conheçam sempre mais as Sagradas Escrituras. *Descobrir a Bíblia na Casa de Maria* significa conhecer melhor a Palavra de Deus, aproximando-nos ainda mais do Senhor.

Com o apoio da Família dos Devotos, vamos transformar a Casa da Mãe Aparecida na maior Bíblia a céu aberto do mundo. Somos convidados a percorrer, por meio da *Jornada Bíblica* do Santuário de Aparecida, um itinerário de fé em busca da vivência e do aprendizado da Palavra de Deus. Mais do que uma obra-prima da arte sacra, o revestimento das quatro fachadas principais do Santuário recorda-nos que a Palavra de Deus é, de fato, a bela "fachada" de nossa vida, sempre útil para ensinar, para argumentar, para corrigir, para educar conforme a justiça (cf. 2Tm 3,16).

O principal desafio não é outro senão viver a fé à luz da Palavra! Reunidos para celebrar a Palavra de Deus, queremos revestir nossa família com o projeto de Jesus, a Palavra encarnada que liberta e salva. Nosso amor a Nossa Senhora Aparecida deve ser, sobretudo, um amor apaixonado pela Palavra de Deus. Viva conosco a vocação de anunciar a alegria do Evangelho!

O Santuário de Aparecida quer ser o Santuário da Palavra por vários motivos. A razão mais importante está ligada a Nossa Senhora, a Mulher da Palavra. Ao dizer sim a Deus, assume com alegria a missão de "Revestir-se da Palavra". Dom Orlando Brandes sempre lembra, com entusiasmo, que *"Maria é a melhor e a mais perfeita discípula da Palavra".*

A primeira virtude de Maria, a mãe de Jesus, é sua capacidade de acolher a Palavra de Deus: *"Eis aqui a serva do Senhor!"* (Lc 1,38). A jovem de Nazaré permanece como um modelo para todos aqueles que, de fato, se dispõem ao acolhimento da Palavra divina. Vivemos num mundo das imagens, do barulho e da agitação da vida moderna. Para compreender a Palavra de Deus e revestir-se dela é preciso silêncio, atenção e, principalmente, muita confiança!

Jesus, a Palavra que liberta e salva

A tradição profética do Antigo Testamento conserva importantes e veneráveis ensinamentos divinos. No entanto a Palavra definitiva de Deus é o próprio Jesus Cristo. A Carta aos Hebreus deixa isso bem claro: *"Muitas vezes e de muitos modos Deus falou outrora aos nossos pais, pelos profetas. Nestes dias, que são os últimos, falou-nos por meio do Filho"* (Hb 1,1-2).

Jesus de Nazaré é o portador da Palavra decisiva de Deus. O Evangelho de João explica o porquê da centralidade de Jesus na comunicação divina: *"No princípio era a*

Palavra, e a Palavra estava junto de Deus, e a Palavra era Deus. Ela existia, no princípio, junto de Deus. Tudo foi feito por meio dela, e sem ela nada foi feito de tudo o que existe. E a Palavra se fez carne e habitou entre nós" (Jo 1,1-3.14).

O *Pregador da Galileia* dirige a seus ouvintes palavras que libertam e que salvam: palavras de vida. Jesus fala do Reino de Deus e do amor incondicional que devemos ter pelo próximo, sobretudo pelos pobres. Uma outra mulher, chamada Maria, a irmã de Lázaro e de Marta, também é exemplo de alguém que sabe ouvir os ensinamentos do Divino Mestre: *"Maria sentou-se aos pés do Senhor e escutava sua palavra"* (Lc 10,39).

A Palavra de Deus tem o poder de transformar vidas. O Evangelho de Lucas relata a história dramática de uma mulher pecadora que, em silêncio, se põe a lavar os pés de Jesus na casa de Simão, o fariseu (cf. Lc 7,36-50). O que parecia ser um escândalo tornou-se uma grande experiência de Deus na vida daquela mulher anônima, graças às palavras de Jesus: *"Teus pecados estão perdoados (...). Tua fé te salvou. Vai em paz!"*

A Palavra que ilumina a fé da Igreja

"Por causa da Tua Palavra" é a resposta de Pedro a Jesus. Depois do fracasso na pescaria, os pescadores voltaram ao mar, cumprindo sua determinação, Pe-

dro e outros discípulos lançam novamente as redes e retornam com o barco cheio de peixes por causa da palavra de Cristo (cf. Lc 5,1-6). Nossa resposta à Palavra de Deus deve expressar fidelidade e entrega da própria vida nas mãos do Senhor. Entrega total à Palavra que se fez carne, conforme ensina o prólogo do Evangelho de São João.

O Concílio Vaticano II nos recorda que Escritura e Tradição são como um espelho no qual a Igreja contempla a Deus, de quem tudo recebe (cf. *Dei Verbum*, n. 7). Que a leitura destas páginas sempre nos lembre que Nossa Senhora é a mulher da Palavra. Nenhum devoto da Mãe Aparecida está dispensado de ler e conhecer melhor a Bíblia.

Desde a época mais primitiva do cristianismo, a Sagrada Escritura sempre foi acolhida como o livro essencial para orientar a regra de fé dos cristãos. Afinal, como nos ensina a teologia clássica, a Bíblia é a *"norma que determina as outras normas e que não é por elas determinada"*. A mesma Constituição Dogmática sobre a Revelação Divina nos alerta que, junto com a Sagrada Tradição, a Igreja sempre considerou e considera a divina Escritura como a regra suprema da própria fé (cf. DV 21).

Por último, mas não com menor importância, agradecemos o empenho e a dedicação do padre Flávio

Cavalca, que prontamente atendeu nosso pedido para preparar este livro, especialmente dedicado aos devotos de Nossa Senhora que desejam descobrir a Bíblia em sua Casa.

Sou particularmente devedor a nosso querido padre Flávio, que em meus primeiros anos de sacerdócio ensinou-me a descobrir, entre outros valores, que os livros têm o poder de nos fazer enxergar a vida com sabedoria e ternura, talvez porque eles nos convidam a olhar o mundo com os olhos de Deus.

INTRODUÇÃO

Você já ouviu falar muito sobre a Bíblia. Durante as missas já ouviu ler muitos textos da Bíblia. Talvez, tenha sido esse seu primeiro contato com esse livro misterioso.

Que bom! Afinal, você resolveu adquirir uma Bíblia ou, quem sabe, você a recebeu de presente. E agora, aí está em sua frente esse livro.

Em geral, não começamos imediatamente a leitura. Primeiro folheamos as páginas ao acaso. E logo começamos a encontrar palavras e títulos estranhos: Gênesis, Êxodo, Levítico, Primeiro Livro dos Reis, Jó, Salmos, Sofonias, Apocalipse... Lemos uma frase aqui, outra ali. São frases num estilo, num modo de falar que nos parecem muito diferentes de tudo que estamos acostumados a ouvir.

E mais. Até o próprio índice desse livro chamado "Bíblia" é interessante. Notamos logo duas grandes divisões: "Antigo Testamento" e "Novo Testamento".

Para nós, "testamento" é um documento deixado por uma pessoa, determinando como deve ser feita a partilha da herança. Que vem a ser, então, "Antigo Testamento" e "Novo Testamento"?

Vemos logo também que esse livro estranho está dividido em muitos outros "livros": Livro do Gênesis, Livro do Êxodo, Livro da Sabedoria... Não há dúvida. Estamos diante de um "livro" diferente dos outros.

Ao fazer assim uma leitura rápida e salteada, nascem outras perguntas mais. Como esse livro chegou até nós? Quando foi que apareceu? Quem escreveu? Por que a linguagem desse livro parece tão difícil e diferente? O que quer dizer que a Bíblia é a palavra de Deus para nós, como você já ouviu dizer tantas vezes? Será que Deus escreveu pessoalmente esse livro? Será que foi ditando as palavras para que alguém as escrevesse? Bíblia. Por que será que esse livro se chama "BÍBLIA"?

Acho que você, depois de ter folheado a Bíblia, já percebeu e sentiu a necessidade de uma introdução que nos ajude a compreendê-la. Sem uma introdução, é quase certo que vamos abandonar sua leitura, principalmente a da primeira parte, chamada "Antigo Testamento". Ou, se continuarmos a leitura, haverá o perigo de formarmos uma infinidade de ideias falsas.

É sempre difícil ler um livro antigo. E nem precisa ser tão antigo assim. Se tomamos um livro escrito há uns cem anos, já vamos notar um modo de pensar e de falar totalmente diferente do nosso. É só lembrar as dificuldades dos estudantes quando começam a ler as poesias de Camões e outras obras escritas em português antigo. E a Bíblia é muito mais antiga e foi escrita num ambiente muito mais diferente do nosso.

Justamente para ajudá-lo em seu primeiro contato com a Bíblia é que foram escritas estas páginas.

1
A HISTÓRIA DA BÍBLIA

1. A história do livro

Para nós, a Bíblia é um livro. Não podemos, porém, esquecer que grande parte da Sagrada Escritura, antes de ser um livro escrito, foi uma série de poemas e narrativas, repetidas de cor nas assembleias do povo.

Justamente para facilitar o trabalho da memória e ajudar a transmissão falada é que a maioria dos textos eram compostos numa forma ritmada e num estilo cheio de paralelismos e repetições, rimas e provérbios.

A instrução e a cultura baseavam-se na memória, na repetição das tradições, que deviam ser fielmente conservadas. Houve, porém, um momento em que a comunicação devia ser feita para pessoas ausentes, ou então, era preciso fixar, de algum modo, o que se contava, para o conservar fielmente e ajudar a memória.

Devido a tudo isso, a cultura antiga não estava, como a nossa, baseada na palavra escrita. Os conhecimentos eram transmitidos, principalmente, por intermédio dos mestres, dos poetas e dos cantores, que recitavam de aldeia em aldeia os antigos poemas sobre os heróis e sobre os deuses. Temos de ter isso em mente quando começamos a folhear nossa Bíblia.

2. História do Antigo Testamento

Ao abrir a Bíblia, notamos logo as duas divisões principais que a caracterizam: Antigo Testamento e Novo Testamento. A palavra "testamento" quer ser a tradução de uma palavra grega: "diatéke", que podia tanto significar "testamento" como "contrato" ou "aliança". Na linguagem dos judeus, que viviam entre gregos, essa palavra "diatéke" significava a aliança, o contrato pelo qual Deus se uniu a seu povo escolhido.

Sendo assim, "Antigo Testamento" é a primeira parte do plano de Deus para a salvação da humanidade, a história da aliança feita com o povo judeu. "Novo Testamento" é a história da aliança definitiva entre Deus e toda a humanidade, aliança que renova e leva à perfeição a primeira aliança feita com um povo.

Os judeus dividiam a Bíblia em três partes: A LEI, OS PROFETAS, E OS ESCRITOS.

A primeira parte, A LEI, era chamada "Torah". É composta pelos cinco primeiros livros: GÊNESIS, ÊXODO, LEVÍTICO, NÚMEROS E DEUTERONÔMIO. Essa parte é também chamada de "Pentateuco", o que quer dizer: "Os cinco livros". Eles contêm as leis dadas por Deus e narrativas que apresentam as circunstâncias históricas da manifestação do plano de Deus para a salvação. Essa primeira parte ainda continua em nossa atual divisão do Antigo Testamento.

As outras divisões atuais são: LIVROS HISTÓRICOS, LIVROS SAPIENCIAIS, LIVROS DOS PROFETAS.

Mais uma vez, usamos a expressão "livros da Bíblia". A Bíblia não foi escrita como nossos livros atuais, divididos em capítulos, escritos segundo um plano previamente estabelecido. Ela foi surgindo aos poucos, através dos séculos, e é obra de muitos autores. Sendo assim, chamamos "livros" as principais unidades que formam a Bíblia.

Aliás, seria bom perguntar: de onde vem esse nome "Bíblia"? Esse nome é, simplesmente, a adaptação do plural de uma palavra da língua grega: "Biblos", que significava "papiro", "livro". A Bíblia é, pois, "O LIVRO", o primeiro, o mais importante de todos.

E também já é tempo de perguntar: "Como surgiu o Antigo Testamento?" Para responder, precisamos ver antes alguma coisa da história do povo que escreveu essa parte da Bíblia. Vamos traçar uma história bem reduzida de muitos séculos.

a) O Povo Hebreu

Percorrendo o Antigo Testamento, podemos ter a impressão de estar diante de uma "História do Povo Hebreu". Isso é verdade, contanto que não interpretemos mal a palavra "história", que, para nós, significa um relato exato do que aconteceu, com as datas e os lugares exatos. A Bíblia não está interessada na data exata dos fatos nem em seus pormenores. Quer fazer-nos compreender o sentido dos acontecimentos, como eles se encaixam no plano que Deus formou para nossa salvação.

Por isso que o nome de pessoas e de lugares servem, principalmente, para caracterizar as pessoas e ressaltar a importância dos acontecimentos. E não para dizer que esses eram realmente os nomes das pessoas e dos lugares. O mesmo se pode dizer das datas, da duração dos períodos e das épocas.

Os hebreus, como todos os povos antigos, conservavam fielmente as lembranças do passado, que formavam sua "história familiar". Justamente porque eram tradições familiares é que a "história dos patriarcas" pouco se preocupa com os fatos da história geral. É antes uma sequência de pequenos fatos do começo da "família".

No Deuteronômio (26,5-10), encontramos um resumo da história dos patriarcas. Quando os hebreus apresentavam a Deus os primeiros frutos de suas colheitas, deviam rezar assim:

"Meu pai era um arameu (homem da região de Aram) que estava a ponto de morrer. Desceu para o Egito com um punhado de gente. Foi viver como estrangeiro naquela terra, mas tornou-se ali um povo grande, forte e numeroso. Os egípcios começaram a nos perseguir e nos oprimiam com uma pesada escravidão. Gritamos, então, pelo Senhor, o Deus de nossos pais. Ele ouviu nosso grito e viu nossa aflição, nossa miséria, nossa angústia. O Senhor tirou-nos do Egito (...) e nos trouxe para esta terra onde correm o leite e o mel".

O povo hebreu entrou para a história 1.300 anos antes de Cristo, quando ainda estava vivendo no Egito. E reconhecia-se como descendente de Abraão, que tinha nascido mais para o oriente e, durante algum tempo, tinha vivido na região de Aram. Os hebreus já estavam no Egito mais ou menos desde o ano 1700 a.C. (a.C.: antes de Cristo). Isso quer dizer que Abraão viveu lá pelo ano 1800 a.C. Seus descendentes, Isaac, Jacó e seus filhos, levavam a vida de um lado para o outro, até que os doze irmãos se fixaram no norte do Egito.

Não sabemos praticamente nada de sua história durante os 400 anos seguintes. Até lá por 1250 a.C., quando, guiados por Moisés, saíram do Egito. Durante vários anos, 40 mais ou menos, tiveram no deserto a experiência religiosa da manifestação de Deus. A partir de 1200 a.C., começaram a se apossar da Palestina, a região entre o Mediterrâneo e o Jordão.

Durante todo esse tempo, o povo conservava cuidadosamente as tradições do passado em seus cantos, poemas, salmos e suas narrativas. Conhecia o Deus verdadeiro, tinha consciência de ser o povo por ele escolhido. Conservava suas leis e os ensinamentos religiosos eram passados de pais para filhos. Mas não apenas conservavam a religião do passado. Iam crescendo em sua vida religiosa, com altos e baixos, tempos de maior ou de menor fidelidade à aliança estabelecida com Deus. Continuamente, eram ajudados e orientados por Deus, que lhes enviava homens providenciais. Podemos admitir que já por essa época muitas tradições não se transmitiam apenas oralmente; muita coisa já estaria sendo posta por escrito.

Finalmente, lá pelo ano 1000 a.C., o povo já estava estabilizado na Palestina, e tinha deixado de ser um povo nômade. Começou, então, a época dos grandes reis. Com isso, elevou-se também a cultura do povo e a literatura entrou numa fase decisiva.

b) Começa a surgir a Bíblia

Pelos fins do décimo século a.C. começaram a ser escritas as narrativas sobre Davi e Salomão, as primeiras partes dos livros, que, agora, em nossa Bíblia se chamam 1º e 2º Livros de Samuel, e o começo do Livro dos Reis. Por esse mesmo tempo é escrita a história do passado mais próximo, as narrativas que encontramos nos Livros de Josué e dos Juízes.

Quando a realeza já estava mais organizada, começaram a se formar os "Arquivos de Estado", que conservavam a documentação para os escritores do futuro. Só no século seguinte começaram a ser escritas as tradições mais antigas sobre os patriarcas Abraão, Isaac e Jacó, a história da saída do Egito, os acontecimentos do deserto. Começou assim a formação dos livros que agora chamamos de Gênesis, Êxodo, Números.

A partir do ano 800 a.C., temos a época dos profetas, dos grandes homens enviados por Deus para orientar o povo, para ajudá-lo a compreender os planos divinos. As mensagens dos profetas foram em parte escritas por eles mesmos, em parte por seus discípulos. Formou-se a coleção dos profetas, essa parte da Bíblia que é uma das mais ricas e sedutoras.

Uns cento e poucos anos depois, entre 700 e 600 a.C., já estavam por escrito os acontecimentos relativos à conquista da Palestina e o que aconteceu até o fim da realeza. São partes dos Livros de Josué, dos Juízes, de Samuel e dos Reis. Nesse mesmo tempo, começou a ser posto por escrito o Livro do Deuteronômio, que é uma reapresentação meditada da Lei Divina.

Apesar de todos os avisos dos Profetas, o povo não manteve fidelidade a Deus. O grande castigo chegou em 587 a.C., quando Jerusalém foi destruída e o povo quase todo foi levado para o cativeiro na Babilônia. Durante esse tempo de sofrimento, renasceu o espírito religioso dos judeus. Começaram a refletir sobre tudo quanto Deus tinha feito por eles. Surgiram então as partes do Antigo Testamento que se referem principalmente ao culto, ao serviço divino no Templo, à organização da comunidade religiosa voltada para Deus.

Quando o povo pôde voltar para a pátria, começou o último tempo na história da formação do Antigo Testamento. Os livros do passado foram reunidos, retocados, completados. Surgiram em sua forma definitiva os cinco primeiros livros: Gênesis, Êxodo, Levítico, Números e Deuteronômio. Foram escritos os livros que chamamos de "Sapienciais": Provérbios, Jó, Eclesiastes, Cântico dos Cânticos, Eclesiástico. Esses Livros Sapienciais são o fruto de uma reflexão que procurava levar à "sabedoria da vida", à compreensão dos planos de Deus.

Um pouco mais tarde, surgiram os Livros das Crônicas, de Tobias, de Ester, de Judite. Com isso já estamos a apenas uns 300 ou 200 anos antes do nascimento de Jesus. Os hebreus, que antes já tinham tido tantas dificuldades com os poderosos povos do oriente, tiveram de enfrentar a influência dos gregos, depois das conquistas de Alexandre Magno. Mais ou menos 100 anos a.C. foram escritos os dois Livros dos Macabeus, que retratam essa época tão difícil para a fé do povo. Desse mesmo tempo é o Livro de Daniel, colocado entre os livros dos profetas e Sabedoria.

Foi assim que o Antigo Testamento foi surgindo aos poucos, foi sendo completado e retocado. Sua história mostra, de forma grandiosa, a ajuda que Deus foi dando ao povo escolhido. Nessa longa história do nascimento da Bíblia, aparece mais claramente o poder de Deus. Muito mais claramente do que se Deus tivesse "ditado" a Bíblia para Moisés e os outros autores.

Uma última observação: Nem tudo ainda é inteiramente certo nessa história que apresentamos resumidamente. Nem sempre os especialistas estão de acordo, e não podemos aqui discutir todos os pormenores.

3. História do Novo Testamento

a) Primeiro, a comunidade

Em torno de Jesus tinha-se reunido a comunidade dos que acreditaram nele. Depois da ressurreição, depois que tinham sido iluminados pelo Espírito Santo, os discípulos começaram a viver e a propagar a mensagem cristã. Eles aceitavam as Escrituras Sagradas que tinham recebido da tradição judaica. Já agora, porém, iluminados pelo Espírito Santo e assistidos continuamente pelo Cristo, liam as Escrituras sob uma nova luz. Como diz o apóstolo Paulo (2Cor 3,14), somente a aceitação de Jesus pela fé abre-nos os olhos para uma exata compreensão do Antigo Testamento.

Pois bem. A comunidade cristã, a Igreja, vivia e anunciava a salvação pela fé em Jesus. Sua preocupação era conservar fielmente a mensagem recebida e dar um testemunho sobre os fatos presenciados pelos apóstolos e discípulos. É o que transparece nas palavras de Paulo (1Cor 15,3):

"O que eu recebi e entreguei a vocês é o mais importante: que o Cristo morreu por nossos pecados, como está escrito nas Escrituras Sagradas; que ele foi sepultado e que ressuscitou no terceiro dia como está escrito nas Escrituras; e que apareceu a Pedro e depois aos doze apóstolos..."

A primeira preocupação da comunidade não foi escrever um livro, foi viver e transmitir uma vida. Isso não diminui o valor das Escrituras da Igreja. Ajuda-nos, porém, a perceber como surgiram e como têm sua compreensão ligada à compreensão da própria vida da Igreja.

b) A Comunidade recebe as Escrituras do Novo Testamento

Inicialmente a comunidade não tinha o "Antigo e o Novo Testamento". Tinha a "Lei", os "Profetas" e os Escritos. E tinha as palavras de Jesus, sua vida e seus atos.

Se abrimos agora uma edição do "Novo Testamento", encontramos quatro divisões mais importantes: Evangelho, Atos dos Apóstolos, Epístolas, Apocalipse. É bom saber logo que aconteceu também o que já tinha acontecido com o Antigo Testamento: os livros ou as partes não estão colocados na ordem em que foram escritos. A ordem atual levou em conta a importância das partes e também as vantagens práticas de uma sistematização.

São estes os livros, ou as partes, que encontramos em o Novo Testamento:

1°) Evangelhos: de Mateus, de Marcos, de Lucas, de João.

2°) Atos dos Apóstolos.

3°) Epístolas: em primeiro lugar, as cartas de Paulo aos Romanos, aos Coríntios, aos Gálatas, aos Efésios, aos Filipenses, aos Colossenses, aos Tessalonicenses, a Timóteo, a Tito, a Filêmon. Depois, a carta aos Hebreus, as cartas de Tiago, de Pedro, de João e de Judas.

4°) O Apocalipse de João.

Talvez você não imagine, mas a parte mais antiga do Novo Testamento são as duas cartas de Paulo aos Tessalonicenses, isto é: aos cristãos da comunidade de Tessalônica, uma cidade da Grécia. No capítulo 17(1-10) dos Atos dos Apóstolos, podemos ler a história das primeiras conversões nessa cidade. Paulo esteve em Tessalônica lá pelos meados do ano 50 d.C. (depois de Cristo), quando estava fazendo sua segunda viagem missionária. Em 51, ele mandou sua primeira carta; a segunda é de 52 ou 53.

Com essas duas cartas, começou a formação do Novo Testamento: as comunidades começaram a colecionar e a trocar entre si os escritos dos apóstolos.

Pelos anos de 54 ou 55, foi escrita a carta para a igreja de Filipos. Entre 57 e 58, surgiram as duas cartas para a comunidade de Corinto e para a dos Gálatas. Possivelmente, quando estava preso em Roma, entre 61 e 63, é que Paulo escreveu as cartas para os cristãos de Colossos e de Éfeso. Durante esse mesmo tempo teria escrito a pequena carta a Filêmon, um cristão cujo escravo tinha fugido e fora convertido pelo apóstolo. As duas cartas a Timóteo e a carta mandada para Tito, se foram escritas por Paulo, então devem ter sido enviadas entre 64 e 67.

Temos, depois, as cartas de Pedro, de Tiago e a Epístola aos Hebreus e a de Judas. Foram escritas, o mais tardar, nos decênios finais do primeiro século. Não podemos ter certeza completa sobre seus autores.

O primeiro evangelho a ser escrito foi, provavelmente, o de Marcos, antes ainda da destruição de Jerusalém, acontecida no ano de 70. Segundo a opinião de vários especialistas, o evangelho de Marcos foi precedido por uma primeira redação do evangelho de Mateus, feita em aramaico. Redação essa que depois foi reelaborada, dando origem à nossa atual edição grega. Não podemos saber exatamente quando isso aconteceu.

Nem podemos saber com certeza quando foi escrito o evangelho de Lucas. Alguns acham que foi escrito antes do ano 70; outros preferem dizer que os evangelhos de Lucas e Mateus (o atual) surgiram lá pelo ano 80.

Esses três evangelhos são bastante semelhantes entre si, apresentando quase os mesmos fatos, quase na mesma ordem. Por isso são chamados de "Evangelhos Sinóticos", isso porque poderiam ser colocados lado a lado para serem lidos "ao mesmo tempo".

Os "Atos dos Apóstolos", que narram os primeiros tempos da Igreja, dando um realce maior às pessoas de Pedro e de Paulo, são como que uma continuação do Evangelho de Lucas. Possivelmente, esse livro foi escrito lá pelo ano 80.

Como a parte mais recente do Novo Testamento, temos, finalmente, o Evangelho, as Cartas e o Apocalipse de João. Até algum tempo atrás, havia escritores que atrasavam até o século segundo o aparecimento desses livros. Atualmente, há um certo acordo que marca o aparecimento desses escritos entre os anos 90 e 100.

Como outros livros, a Bíblia era escrita em rolos de papiro ou de pergaminho

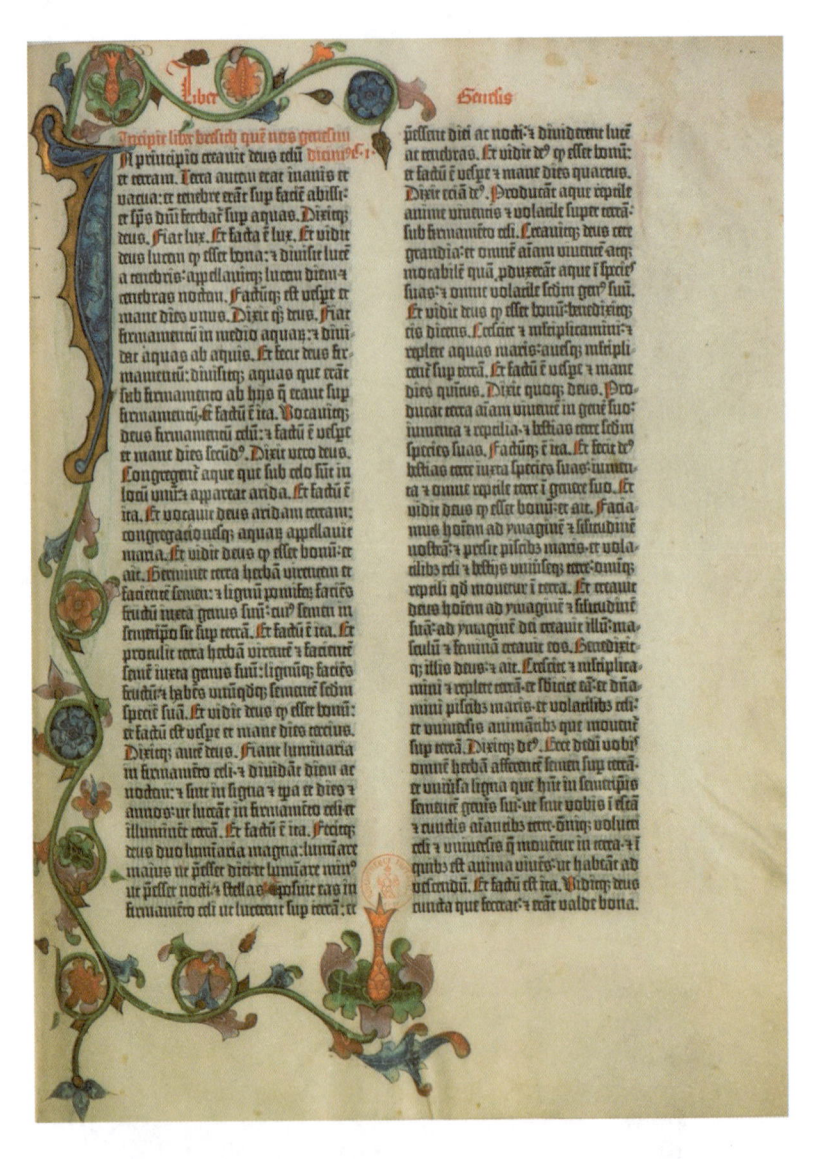

Na Europa, a primeira impressão tipográfica da Bíblia foi feita por J. Gutemberg (1397-1468) em Mogúncia, Alemanha, pelo final de 1455

2
NOSSA BÍBLIA E SEUS ORIGINAIS

Sabemos que a Bíblia surgiu há muito tempo, escrita em outras línguas. Isso nos leva a fazer algumas perguntas: – A Bíblia que temos atualmente corresponde aos originais escritos pelos autores? – Nossa tradução em língua portuguesa corresponde aos originais escritos em língua hebraica, aramaica e grega?

1. As línguas originais da Bíblia

Os originais da Bíblia foram escritos em três línguas: hebraico, aramaico e grego. O hebraico é uma língua muito antiga, que já existia antes mesmo de os hebreus aparecerem como um povo identificável.

Nessa língua hebraica, foi escrito quase todo o Antigo Testamento. Algumas partes, porém, chegaram até nós apenas em aramaico, uma outra língua adotada, mais tarde, pelo povo hebreu. Nessa língua, temos cinco capítulos do Livro de Daniel, algumas passagens do Livro de Esdras e umas frases do profeta Jeremias. Talvez, também essas partes tenham sido escritas originalmente em hebraico.

Outras partes chegaram até nós numa tradução em língua grega: o Livro do Eclesiástico (um terço do original hebraico foi descoberto em 1896), os Livros de Baruc, de Tobias, o 1º Livro dos Macabeus, o de Judite e algumas partes de Daniel e Ester. Na língua grega, foram escritos dois livros do Antigo Testamento: o Livro da Sabedoria e o 2º Livro dos Macabeus.

O Novo Testamento foi escrito originalmente em grego, que era a língua mais usada no tempo. Só o Evangelho de Mateus é que foi escrito originalmente em aramaico. Esse original, porém, perdeu-se e só conhecemos a segunda redação feita em grego.

2. As primeiras traduções

A Bíblia foi sempre considerada um texto muito importante, um texto sagrado, que devia ser conhecido por todos. É por isso que surgiram as traduções para os que não podiam compreender a língua original.

A primeira tradução foi feita uns 200 ou 300 anos antes de Cristo. Os hebreus que viviam no Egito já não entendiam o hebraico. Foi feita, então, a tradução grega, chamada de "Tradução dos Setenta". Ganhou esse nome porque, como contavam, tinha sido feita por setenta sábios. Essa tradução grega do Antigo Testamento era a Bíblia usada pelos primeiros cristãos e, segundo ela, são feitas quase todas as citações que aparecem em o Novo Testamento.

Nos primeiros séculos depois de Cristo foram feitas outras traduções que procuravam uma fidelidade maior ao original hebraico.

Mas não eram só os hebreus que viviam no estrangeiro que tinham dificuldade para entender o original hebraico da Bíblia. A partir do cativeiro na Babilônia, mesmo os que viviam na Palestina já não falavam o hebraico. Nas Sinagogas (lugar de reunião da comunidade), continuava a ser lido o texto hebraico, mas havia sempre uma pessoa encarregada de fazer uma tradução em aramaico, para que todos pudessem compreender a palavra de Deus. Essas traduções foram, aos poucos, sendo postas por escrito e eram mais ou menos fiéis ao texto original. Isso porque, muitas vezes, faziam uma espécie de tradução adaptada às situações do momento.

3. As traduções cristãs

Já nos primeiros séculos da Igreja foram feitas diversas traduções, parciais ou totais, para uso das comunidades cristãs. Até o fim do século segundo, a maioria das comunidades cristãs, mesmo nas regiões de influência romana, falava e entendia o grego popular. Aos poucos, porém, a língua latina reconquistou terreno. Começaram, assim, a surgir as traduções em latim. Parece que a mais antiga é uma tradução chamada de "Ítala", porque fora feita na Itália, e recomendada por Santo Agostinho.

Em 382, o papa Dâmaso pediu que São Jerônimo, um homem muito preparado, fizesse uma revisão da tradução dos Salmos. Terminada essa encomenda, em 392, ele começou uma tradução de todo o Antigo Testamento, diretamente do hebraico. O trabalho ficou pronto em 405. É a tradução conhecida como "Vulgata Latina". Foi esse o texto usado na primeira edição impressa da Bíblia, feita por Gutenberg, entre 1450 e 1455.

Como vimos, o Novo Testamento tinha sido escrito em grego. A primeira tradução em latim foi feita provavelmente lá pelo ano 150. Também do Novo Testamento São Jerônimo fez uma nova edição, revendo as traduções anteriores. É bom notar que, além dessa tradução latina, a antiguidade conheceu traduções em várias outras línguas.

Ainda fica em pé a pergunta inicial: será que todas essas traduções conservaram fielmente o sentido da Bíblia original? Vamos, então, ver como a Bíblia chegou até nós.

4. Os originais do Antigo Testamento

A formação da Bíblia aconteceu ao longo de muitos séculos, com a colaboração de muitas pessoas, em muitos lugares e circunstâncias diversas. Quando perguntamos se a nossa Bíblia corresponde aos originais, somos levados a perguntar também se esses originais escritos pelos próprios autores ainda existem. Não. Não existem mais. Nem isso é de se admirar. Os livros antigos, mesmo em sua fase de maior aperfeiçoamento técnico, eram "rolos" ou cadernos de pergaminho ou papiro. Esses materiais não podiam atravessar sem estragos os séculos.

A cópia mais antiga de todo o Antigo Testamento em hebraico é lá do ano 950 depois de Cristo. Estava guardada na cidade de Alepo, na Síria. Durante algum tempo, pensou-se que tivesse sido destruída num incêndio em 1950. Depois, reapareceu, e, atualmente, conserva-se em Jerusalém. Desse texto existe uma cópia feita em 1008, que serviu como base para a edição atual do texto hebraico.

Até há alguns anos, o manuscrito mais antigo de uma parcela do Antigo Testamento era do século quarto depois de Cristo. Em 1902, foi encontrado, no Egito, um pedaço de papiro do século segundo depois de Cristo, contendo o Decálogo e um fragmento do Deuteronômio. Foram encontrados ainda outros papiros mais recentes, todos contendo apenas fragmentos do texto bíblico.

Em 1947, um pastor de cabras encontrou uma gruta onde havia rolos de pergaminho. Seria a biblioteca de um antigo mosteiro de uma seita hebraica, abandonado pouco antes da destruição de Jerusalém, lá pelo ano 68 d.C.

Os rolos de pergaminho continham principalmente textos da Bíblia: eram cópias muito antigas, algumas do ano 200 ou 300 a.C. Pelos estudos feitos até agora, esses antigos manuscritos confirmam a fidelidade de nosso texto hebraico atual.

Que haja diferenças nesses antigos manuscritos, podemos compreender facilmente. As cópias eram feitas à mão, uma a uma. Muitas vezes, uma pessoa ditava o texto para vários copistas. Bastava que um ouvisse mal uma palavra e já havia uma variante no texto. Outras vezes, o copista esquecia uma letra ou uma palavra, ou repetia ou trocava; ou o texto não estava muito claro, ou outro copista achava bom corrigir o texto original.

É por isso que os especialistas fazem estudos cuidadosos, comparam os diversos manuscritos e assim estabelecem cientificamente o texto mais seguro.

5. Os originais do Novo Testamento

Atualmente, temos uns cinco mil manuscritos, sendo que uns cinquenta e três contêm todo o Novo Testamento. A situação do Novo Testamento é, pois, muito melhor que a de todos os escritores antigos. Da maioria deles temos manuscritos somente a partir do século nono d.C., e assim mesmo em número bem reduzido. Do Novo Testamento temos dezessete manuscritos do século quarto e vinte e sete do século sexto. Temos, ainda, citações encontradas em escritores do século segundo. Isso quer dizer que, entre os originais e as cópias, temos a distância de uns 300 anos apenas. Foi encontrado até um papiro do ano 130 que reproduz uma passagem do evangelho de João. É uma cópia feita uns quarenta anos depois do original do evangelista.

6. A Bíblia atual é fiel aos originais

Durante séculos, os especialistas fizeram um longo trabalho de estudo e de comparação entre as diversas cópias do Antigo e do Novo Testamento. Concluíram que nossos textos bíblicos atuais são fiéis aos originais. A situação do Novo Testamento é muito melhor. O texto grego que temos praticamente não apresenta dúvidas. Pelo menos dúvidas que tragam dificuldades insuperáveis. Segundo os especialistas, nosso Novo

Testamento em grego chegou até nós quase exatamente como foi escrito por seus autores lá na segunda metade do primeiro século.

E nossas traduções correspondem ao original? A fidelidade dessas traduções passa por um duplo controle. Os estudiosos, que conhecem as línguas originais, podem dizer até que ponto a tradução está bem feita. E há também o controle exercido pela Igreja, que vigia para que as traduções não falsifiquem o sentido da revelação feita por Deus.

HISTÓRIA DO POVO HEBREU E DA COMPOSIÇÃO DOS LIVROS BÍBLICOS*

Evangelho de João, Apocalipse **90/100**
Evangelho grego de Mateus, Lucas, Atos **70/80**
Evangelho de Marcos **64**
ERA CRISTÃ
Nascimento de Jesus 6-7

Jt, Sb, Dn, 1-2 Mc **100**

1-2 Cr, Est, Tb **200**

300
Domínio helenista **333**

Redação final do Pentateuco, Literatura Sapiencial **400**

500
Retorno dos exilados **538**
Destruição de Jerusalém; cativeiro na Babilônia **587**
600

Redações sobre a conquista e o fim da monarquia **700**
(Js, Jz, Sm, Rs): começa a redação do Dt

Começa a época dos profetas **800**

Redações sobre os patriarcas e o êxodo **900**
(Gn, Êx, Nm)

1000 Davi Partes de 1-2 Sm, Rs, Js, Jz

1200 Conquista da Palestina; Tradições orais sobre o êxodo e a conquista; talvez alguns textos escritos

1250 Êxodo

1300 Primeiras referências históricas aos hebreus

1400

1500

1600

1700 Filhos de Jacó no Egito; tradições orais sobre os patriarcas?

1800 Abraão

* Para se ter a devida perspectiva histórica, será bom lembrar que de fato essas datas se referem a acontecimentos relativamente recentes na longa história da humanidade.

Bíblia, texto em hebraico

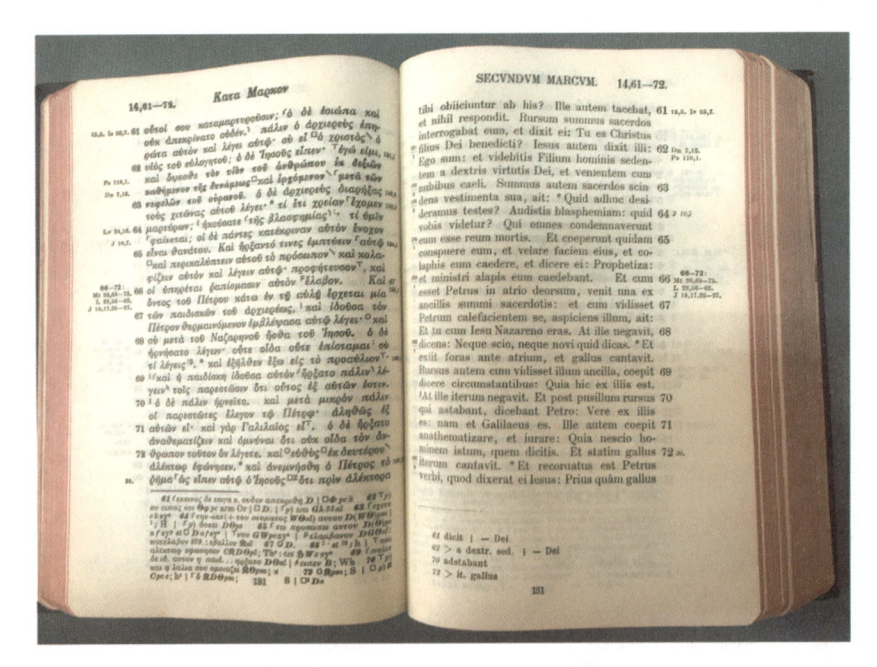

Novo Testamento, texto grego e latino

3
TODOS OS LIVROS DA BÍBLIA

Abrindo sua Bíblia no índice, você verá a relação de 73 "livros": 46 do Antigo Testamento e 27 do Novo Testamento. Parece muito natural. Vamos, porém, fazer uma pergunta: – Por que todos esses e só esses livros fazem parte da Bíblia? Por que só eles e todos eles são "Palavra de Deus"?

Os judeus tinham muitos livros. E nem todos eram considerados parte das "Escrituras", do conjunto de escritos considerados como normativos para a vida do povo. Principalmente nos últimos 300 anos antes de Cristo, apareceram muitos livros de fundo religioso, de estilo bastante semelhante aos livros da Bíblia. Esses livros até mesmo tentavam se apresentar com a mesma autoridade de Deus. E, no entanto, acabaram ficando fora da lista oficial dos livros sagrados hebreus.

O mesmo aconteceu nos primeiros tempos da Igreja. Dentre todos os livros que circulavam entre os cristãos, somente alguns foram aceitos como "palavra de Deus".

Houve, pois, uma *escolha* por parte dos hebreus e dos cristãos. Vamos ver por que foi feita essa escolha, quando foi feita e como.

1. O Cânon

Cânon é palavra grega que significa régua, norma, medida; é o nome dado à lista dos livros reconhecidos como palavra de Deus, que são para nós norma de fé e de vida.

Os hebreus já se preocupavam com o estabelecimento de uma lista oficial dos livros sagrados. Há o texto de um escritor hebreu do primeiro século, Flávio Josefo, que nos mostra bem a atitude dos hebreus: *"Os fatos mostram com que respeito nos aproximamos de nossos livros. Depois de tantos séculos, ninguém jamais permitiu aumento nenhum, nenhuma mudança. Todos os judeus, desde o nascimento, pensam que nesses livros se manifestam as vontades divinas. Por isso os respeitam e, se for o caso, estão prontos a morrer alegremente por eles. Já vimos muitos deles, no cativeiro, suportar as torturas e todos os gêneros de morte nos anfiteatros para não pronun-*

ciarem uma só palavra contrária a esses livros que os acompanham".

Vamos notar as palavras: "não mudaram nada", "não permitiram que nada fosse acrescentado". A mesma preocupação encontramos nos primeiros séculos da Igreja.

2. Quando foi estabelecido o Cânon

Hebreus e cristãos aceitavam e continuam aceitando alguns textos como "palavra de Deus". Esses textos foram confiados ao povo, à comunidade, que recebia de Deus um acompanhamento especial, para que pudesse reconhecer os livros que realmente eram de Deus.

Aos poucos, o povo hebreu e depois a comunidade cristã foram chegando a uma clareza completa, e assim estabeleceram o "Cânon", a lista dos livros inspirados por Deus.

No quinto século a.C., já encontramos uma lista mais ou menos definitiva estabelecida por Esdras. Ao que parece, já no século terceiro, estava pronta a lista oficial dos livros dos profetas. É preciso lembrar, porém, que até os tempos de Cristo não havia uma unanimidade completa entre os hebreus. Alguns aceitavam só os livros escritos originalmente em hebraico, ao passo que outros aceitavam também os livros escritos ou conservados em grego. E não eram guiados por critérios humanos, mas por um auxílio especial de Deus, pelo dom da fé.

Também os cristãos aceitaram os livros do Antigo Testamento como palavra de Deus. Até o século quarto ainda havia hesitações; mas, com a influência de São Jerônimo e de Santo Agostinho, chegaram a um consenso praticamente geral. Temos documentos de 393 (Concílio de Hipona), de 397 (Concílio de Cartago) e de 405 (carta de Inocêncio I, papa) que já trazem a lista atual.

O estabelecimento do Cânon do Novo Testamento passou por um processo semelhante. Os diversos "livros", principalmente as cartas dos apóstolos, só aos poucos é que foram chegando às diversas comunidades, espalhadas num vasto território. Por isso não encontramos logo no primeiro século, e mesmo no segundo, uma lista completa dos livros todos da nova aliança.

Na medida, porém, em que um escrito era reconhecido como sendo dos apóstolos, ou aprovado pelos apóstolos, era recebido com toda a veneração, e tinha para todos o mesmo valor que as Escrituras do Antigo Testamento. Ao mesmo tempo eram rejeitados muitos textos, chamados de "apócrifos" (não autênticos), que também se apresentavam como palavra de Deus. Eram livros que imitavam os Evangelhos, as Cartas dos Apóstolos e outros escritos do Novo ou do Antigo Testamento.

Em 1740 foi encontrado um documento antigo que, segundo os especialistas, seria a tradução latina de um original grego, talvez, do ano 180. O texto não está completo, mas ali temos, praticamente, o Cânon mais antigo que conhecemos, faltando apenas a Carta aos Hebreus.

Antes, pois, que houvesse declarações oficiais da Igreja, por um longo período as comunidades cristãs, sob a direção dos bispos e, principalmente, sob a orientação do Espírito Santo, foram reconhecendo, aos poucos, os escritos inspirados por Deus. A aceitação do Cânon definitivo das Escrituras foi um ato de fé calmo e progressivo da Igreja.

Foi só depois de séculos que houve um pronunciamento oficial da Igreja universal. Foi em 1441, durante o Concílio Ecumênico de Florença, que se publicou um decreto com a lista completa dos livros inspirados. É um decreto que se apresenta como uma tranquila exposição da doutrina católica já então tradicional.

No século dezesseis, alguns não aceitavam como inspirados por Deus todos os livros dessa lista. Por isso, em 1546, houve um outro decreto, no Concílio

Ecumênico de Trento, que é fundamental e merece um estudo mais cuidadoso.

3. Decreto do Concílio de Trento

Vamos primeiro ver o texto do decreto, numa apresentação mais simples e compreensível: "O Concílio Ecumênico de Trento quer acabar com os erros e conservar na Igreja a doutrina evangélica pura. Essa doutrina está contida nos livros escritos e nas tradições orais. Seguindo o exemplo dos Padres da Igreja Antiga, o Concílio acolhe e venera com igual piedade e respeito todos os livros tanto do Antigo como do Novo Testamento, pois Deus é o autor de ambos. O Concílio reconhece também o valor da tradição (não escrita). É conveniente dar por extenso a lista dos livros sagrados; isso para que ninguém possa ter dúvida e saiba claramente quais os livros que o Concílio reconhece como sagrados". (Vem aqui a lista como a temos hoje em dia.)

Para dizer quais livros fazem parte da Sagrada Escritura, o Concílio de Trento baseou-se pura e simplesmente na "tradição", na convicção, na tranquila certeza da Igreja através de séculos. Só a fé pode fazer-nos aceitar que alguns livros sejam para nós a Palavra de Deus. Do mesmo modo, só a fé nos pode levar a aceitar que só esses e todos esses livros contenham a Palavra de Deus. A mesma fé que nos leva a acreditar em Cristo e em sua Igreja.

São Jerônimo (†419) tradutor da Bíblia para o latim e comentarista de textos bíblicos

D. Ghirlandaio, 1480 (detalhe)

Concílio de Trento (1545 – 1563), em 1546, estabeleceu o Cânon Bíblico, segundo a Tradição Católica

4
A BÍBLIA, PALAVRA DE DEUS

1. O pensamento dos hebreus sobre a Bíblia

Os hebreus sempre consideraram como muito especiais os livros que conservavam os escritos da Lei, as palavras dos Profetas e a história do povo. Viam nesses livros a palavra de Deus, o testemunho de tudo quanto Javé tinha feito por eles, a orientação divina para o povo todo.

A própria expressão "palavra de Deus" tinha um sentido muito particular e forte para eles. Segundo o nosso modo de pensar, a "palavra" serve para transmitir uma ideia, um conceito. Eles viam na "palavra" uma força. Principalmente a palavra de Deus era considerada uma força que fez surgir o mundo, que salva ou condena. A palavra de Deus é a própria onipotência divina em ação. Levando isso em consideração, podemos compreender mais facilmente a importância que davam aos escritos que continham as "palavras de Deus".

Chamavam seus livros de "Santos" e "Sagrados", porque sua origem estava numa intervenção divina. Os rabinos, os mestres religiosos do povo, sempre que iam lembrar uma passagem da Escritura diziam: "Assim disse Deus..." E o próprio livro, que continha as palavras de Deus, era considerado como um objeto sagrado.

Também em o Novo Testamento encontramos um testemunho claro do pensamento tradicional dos judeus. Tanto Jesus como os apóstolos, e até os fariseus, que faziam tanta oposição à mensagem evangélica, referiam-se à Escritura como sendo a suprema autoridade, que não podia ser recusada por ninguém. Nos Evangelhos, são frequentes as expressões: "como está escrito", "para que se cumprisse o que foi anunciado".

2. O que nos diz o Novo Testamento

Na segunda Carta a Timóteo, S. Paulo escreve: *"Tu, porém, permanece firme naquilo que aprendeste e de que tens convicção. Sabes de que mestres o aprendeste. E, desde a infância, conheces as sagradas letras. Elas te podem dar a sabedoria que conduz à salvação por meio da fé em Cristo Jesus. Toda a Escritura é inspirada por*

Deus e útil para ensinar, convencer, corrigir e educar na justiça, a fim de que o homem de Deus seja completo, equipado para toda boa obra" (3,14-17).

Paulo escreve que a Escritura é *inspirada* por Deus. A palavra "inspirada" é a tradução de uma palavra grega, que poderia também ser traduzida por *"soprada"*, *"assoprada"*, *"espirada"*. Ao dizer que a Escritura é inspirada, ele afirma que ela existe pelo poder de Deus, é manifestação e comunicação do sopro vital de Deus. E essa palavra foi comunicada e escrita por quem era movido, animado e iluminado por ele.

A afirmação de Paulo é completada pelo que lemos na 2ª Carta de Pedro (1,20). Pedro insiste na veracidade de sua doutrina. Não está ensinando coisas inventadas. Ele mesmo viu a majestade do Cristo transfigurado no alto do monte. Sua doutrina é também confirmada pela Escritura, pela palavra dos profetas. É por isso que, a partir do versículo 19, Pedro é levado a falar do valor da palavra dos profetas que encontramos na Escritura. Suas afirmações valem, de certo modo, para a Bíblia toda: *"Deveis saber, antes de tudo, que nenhuma profecia da Escritura é objeto de interpretação pessoal, visto como jamais uma profecia foi proferida por vontade humana; mas sim sob o impulso do Espírito Santo é que falaram os homens da parte de Deus"* (1,20-21). Conforme o que vimos logo acima, podemos ler assim esse final: "sob o impulso do Sopro Santo é que falaram os homens da parte de Deus".

3. O pensamento da Igreja antiga

Os mestres cristãos dos primeiros séculos continuaram ensinando que a Bíblia não é, de modo algum, um livro como os outros. Diziam que era: *Palavra de Deus, Palavra do Espírito Santo, Palavra do Senhor, Livro de Deus, Carta enviada por Deus.*

Das duas passagens do Novo Testamento que vimos pouco atrás (2ª Carta de Pedro e, principalmente, 2ª Carta a Timóteo), conservaram a palavra *"inspiração",* e diziam que as Sagradas Escrituras foram *"inspiradas por Deus",* que os autores humanos da Bíblia foram *"inspirados por Deus".* Para explicar essa "inspiração", a ação divina que levou alguns homens a escrever, eles diziam que "Deus falou, sugeriu, ditou" o que os autores deviam escrever. Porém sempre lembravam que os homens escolhidos colaboraram realmente com Deus. Se Deus é o "autor" da Bíblia, também os homens foram, de certo modo, "autores".

Segundo eles, os hagiógrafos (escritores sagrados) não foram usados por Deus como instrumentos materiais e sem inteligência. De maneira alguma pensavam que eles fossem apenas escrevendo materialmente o que Deus ia "ditando" de modo humano. Chegam mesmo a mostrar como cada autor humano da Bíblia conservou seu modo pessoal de escrever, cada um com sua própria cultura e instrução, seu jeito particular de organizar o assunto.

Com o passar do tempo, os teólogos e a própria Igreja foram aprofundando essas ideias de forma que pudéssemos ter um conceito mais aproximado e mais claro do significado dessa afirmação: "A Bíblia é a palavra escrita de Deus. É um livro inspirado por Ele". Nesse trabalho foi fundamental o esforço para afastar as falsas noções de inspiração: simples ordem para escrever, mera assistência para afastar o erro, aprovação posterior do livro já escrito, fornecimento do assunto, sugestão, ditado quase material, êxtase, ou arrebatamento.

4. Conceito católico de inspiração

O ensino oficial da Igreja encontra-se no Concílio Vaticano I (1870), nas cartas encíclicas de Leão XIII (*Providentissimus*, de 1893), de Bento XV (*Spiritus Paraclitus*, de 1920), de Pio XII (*Divino afflante Spiritu*, de 1943), e no Concílio Vaticano II.

A doutrina do Vaticano II, que reassume a doutrina anterior, encontra-se no capítulo terceiro da *"Dei Verbum"*, a constituição sobre a Palavra de Deus, no número 11. Vamos estudar e analisar esse texto:

"Os livros do Antigo e do Novo Testamento, em sua totalidade, foram escritos sob a inspiração do Espírito Santo e, portanto, Deus é seu autor. Para que os livros sagrados fossem escritos, Deus fez assim:

- escolheu alguns homens;

- serviu-se deles, com suas faculdades e capacidades;

- agiu neles e por eles para que, como verdadeiros autores,

- escrevessem tudo e só aquilo que Ele próprio queria".

Vamos repassar os diversos elementos:

a) Deus escreveu. Deus é o autor da Bíblia

A iniciativa é de Deus, dele é a responsabilidade pelo aparecimento da Sagrada Escritura. Do mesmo modo como decidiu livremente manifestar-se a nós e entrar em diálogo conosco, assim também livremente decidiu agir para que sua mensagem fosse conservada por escrito. Como vimos na história do aparecimento da Bíblia, a composição inicial não incluía necessariamente uma redação imediata por escrito. O "livro" podia, durante muito tempo, ser transmitido oralmente. Pois bem, já nessa fase da "composição" estava presente a ação divina.

b) Deus escolheu alguns homens

Deus escolheu algumas pessoas e por intermédio delas quis comunicar-se a todos. É o que sempre notamos no proceder de Deus para nossa salvação: escolhe sempre alguns como instrumentos e intermediários seus. Não se dirige imediatamente, diretamente a cada um. Não dependemos só de Deus; dependemos também uns dos outros para nossa realização.

c) Deus serviu-se dessas pessoas, com suas faculdades e suas capacidades

Ninguém mais do que Deus tem respeito pelas pessoas. Deus nunca usa a pessoa como nós usamos um instrumento qualquer; nunca usa o ser humano como escravo. Sempre que escolhe alguém, é para que, livremente, colabore com ele como ser livre e inteligente.

As pessoas escolhidas serviram a Deus com todas as suas faculdades e capacidades humanas. Queriam escrever, sabiam o que escrever, sabiam o que pensar sobre as pessoas, os acontecimentos e as coisas, tinham e conservavam seu modo pessoal de sentir e de reagir, seu jeito pessoal de se exprimir, sua cultura grande ou pequena.

d) Deus agiu nas pessoas e por elas para que, como verdadeiras autoras, escrevessem tudo e só aquilo que ele próprio queria

Isso quer dizer que Deus fez que essas pessoas soubessem o que iam escrever e também quisessem escrever.

Deus pode fazer-nos saber alguma coisa, compreender, julgar e exprimir com palavras. Para fazer isso, Ele não precisa de palavras. Pode entrar diretamente em contato conosco, pode atingir diretamente nossa inteligência, pode iluminar-nos para conhecermos a verdade e exprimi-la com palavras certas.

Pois bem, foi isso que Deus fez com as pessoas escolhidas para escrever os textos da Bíblia. Fez que recebessem um conhecimento sobrenatural sobre ele e sobre seus planos. Era um conhecimento que nunca poderiam conseguir apenas com o esforço humano. Fez que escolhessem as palavras, o jeito, o estilo, convenientes para o que deviam comunicar.

As pessoas escolhidas podiam conhecer muitos fatos, ou por terem visto ou por terem ouvido contar. Nesse caso, recebiam uma ajuda especial para que pudessem dar um julgamento certo e soubessem como se exprimir. Iluminadas por Deus é que elas percebiam que era conveniente escrever o que sabiam.

Em tudo isso podemos perceber como Deus e pessoa colaboravam estreitamente: a pessoa conhecia, julgava, escolhia, exprimia, mas estava sendo sempre iluminada e inspirada por Deus.

Para que Deus fosse realmente o autor, o responsável pela Bíblia, não bastava que por si mesma a pessoa se resolvesse a escrever. Também essa decisão, também a iniciativa deve ser de Deus. É preciso que Ele, agindo sobre a vontade da pessoa, leve-a a agir.

Deus é o *autor principal* da Bíblia. Usando uma comparação, podemos dizer que os homens foram "instrumentos" de Deus. Instrumentos inteligentes e livres.

Uma pessoa que escreve, além de sua inteligência e vontade, usa também sua memória, sua imaginação, sua sensibilidade, seu gosto, sua arte, seu cérebro, seus nervos, seus músculos, suas mãos para escrever ou seus lábios para ditar. Pois bem: sobre tudo isso, houve uma ação positiva de Deus para que a Bíblia fosse escrita.

Agora, também, já podemos entender o texto do papa Leão XIII, em 1893: O Espírito Santo, *"por uma força sobrenatural, os impeliu e moveu a escrever; prestou-lhes assistência enquanto escreviam, de maneira a conceberem exatamente, quererem transmitir fielmente, e escreverem de modo a salvaguardar a verdade infalível, tudo e só aquilo que lhes era ordenado. Caso contrário, Deus não seria o autor da Escritura Sagrada".*

5. Só pela fé sabemos que a Bíblia é inspirada

A Inspiração é uma iniciativa, uma ação de Deus. É assim uma realidade que, por si, escapa ao conhecimento humano. Para saber que Deus quis fazer seus ensinamentos chegarem até nós na Bíblia, de modo que a Bíblia fosse um livro "escrito por Deus", era necessário que o próprio Deus o dissesse para nós. É só por uma revelação divina que podemos saber que a Bíblia foi inspirada.

Essa manifestação, essa revelação divina chega até nós por meio do ensino da Igreja. Ensino que se conservou sempre o mesmo em todos os tempos e em todos os lugares. Diante do ensinamento tradicional, diante da "Tradição", que é o ensinamento da Igreja conservado vivo através dos tempos, nós fazemos um ato de fé, de aceitação completa da palavra de Deus. É o próprio Deus que, com sua ajuda, nos leva a essa aceitação. Sem essa ajuda, não podemos acreditar que a Bíblia seja realmente a palavra de Deus, não podemos acreditar que Ele tenha "inspirado" algumas pessoas para escrever esses livros.

É também aceitando a doutrina da Igreja, aceitando a "Tradição", fazendo um ato de fé, que podemos saber quais os livros inspirados por Deus. Já vimos essa lista dos livros inspirados – o cânon - que nos é transmitido pela Igreja.

Por um ato de fé, acreditamos que todos aqueles setenta e três livros, e só eles, foram escritos por inspiração divina.

5
A BÍBLIA NÃO ERRA

A Bíblia é um livro inspirado por Deus. Sendo assim, compreendemos facilmente que não pode errar quando nos ensina a mensagem divina, o como devemos viver para conseguir a salvação.

Acontece, porém, que na Bíblia encontramos muitas outras afirmações sobre a história da humanidade e sobre coisas da natureza. Fala da criação do mundo em sete dias, descreve os primeiros tempos da humanidade, transmite certa ideia sobre a forma da terra e do universo, apresenta certa classificação dos animais, dá indicações sobre remédios e coisas assim. No entanto os conhecimentos da ciência atual dizem outra coisa. Sabemos, por exemplo, que a história da humanidade é muito mais longa do que poderíamos imaginar lendo a Bíblia. Nossa concepção do universo, depois de tantas descobertas, é muito diferente. Como, então, podemos continuar dizendo que "a Bíblia não erra"?

Vamos deixar claro, desde logo, o que pretendemos afirmar com essa frase. *A Bíblia não erra nem pode errar em nenhuma das afirmações que Deus e os hagiógrafos quiseram de fato fazer e no sentido em que eles as fizeram.* Não podemos acusar a Bíblia de erro se errada é nossa compreensão de suas afirmações.

A Bíblia é a mensagem de Deus moldada em palavras humanas, em linguagem humana. Nossa linguagem é marcada, condicionada e limitada por nosso modo de pensar. Cada povo, cada tempo tem seu modo de pensar, sua mentalidade, sua maneira de se exprimir. Cada povo tem sua cultura própria, na qual surge também uma literatura característica, com suas regras e estilos próprios. Temos aí duas grandes dificuldades para nossa exata compreensão do sentido e do alcance dos textos bíblicos. Vejamos um pouco da mentalidade dos judeus e de seu jeito de exprimir.

1. Mentalidade hebraica e linguagem bíblica

No Salmo 118,109, (Texto da Vulgata) encontramos: *"Minha vida está sempre em minhas mãos".* Ter alguma coisa nas mãos é estar pronto a entregar, a perder. "Ter a vida nas mãos" quer dizer: estou pronto a perder minha vida, estou quase morrendo, estou em grande perigo.

Com a mão pegamos as coisas, tomamos posse. Em vez de dizer que alguém era rico, os judeus diziam: *"Ele tem a mão grande"*. Quem era pobre ou avarento *"tinha as mãos pequenas"*.

Esses exemplos bastam para mostrar como os judeus usavam uma linguagem muito concreta, quase sem termos abstratos. Aliás, hoje ainda usamos linguagem semelhante. Se alguém nos diz que "está na fossa", "foi para o brejo", "foi para o buraco", entendemos logo o que quer dizer e não perguntamos qual a fundura do buraco nem onde é o brejo.

Como os orientais em geral, os judeus gostavam de falar de um modo teatral. Assim, sem muitas explicações, a ideia se tornava clara, quase palpável. Usavam expressões que, analisadas friamente, são exageros. Um rei, para dizer que seu exército era numeroso, dizia que a poeira da Samaria não seria bastante para encher as mãos de seus soldados (1º Livro dos Reis 20,10). Em vez de dizer: "Houve fome em muitos países", diziam: "Houve fome na terra inteira". Há uma passagem do Evangelho (Lc 14,26) em que Jesus diz: "Quem não odiar pai, mãe... não pode ser meu discípulo". Odiar, no caso, significa amar menos do que o Cristo.

A língua hebraica não tinha os mesmos recursos das línguas modernas. Nós temos palavras que indicam claramente a comparação entre os termos. Nós dizemos com clareza: "É maior o número dos chamados e menor o número dos escolhidos". "Deus quer mais a misericórdia do que o sacrifício." Os judeus diziam: "Muitos são os chamados e poucos os escolhidos" (Mt 22,14). "Quero a misericórdia e não o sacrifício" (Mt 9,13).

Usavam comparações e imagens que não podem ser tomadas ao pé da letra. As ideias abstratas estavam ligadas a coisas materiais. Por exemplo:

– Fraqueza: carne, cinza, poeira, flor que murcha, cera derretida.

– Força: montanha, rochedo, bronze, tempestade, exército.

– Glória: luz, brilho, relâmpago.

– Fartura: leite, mel, água, azeite.

Esse modo concreto de pensar e de falar é que levava os judeus a falar das coisas e de Deus usando expressões que realmente só se aplicam aos homens. Por exemplo:

– as cisternas, os montes, as árvores devem bater palmas e gritar de alegria;

– o sangue inocente pede vingança divina;

– Deus tem rosto, nariz, ouvidos, boca, lábios, olhos, voz, braços, mãos e pés. Está revestido de um manto, senta-se num trono de rei. Tem desgosto, ódio, sentimentos de agrado, alegria, arrependimento. Tem até um nome próprio.

Na linguagem da Bíblia, os números não têm a mesma importância nem o mesmo significado que têm para nós. Quando damos um número, procuramos ser matematicamente exatos; interessa-nos a quantidade real. Para os judeus, os números tinham todo um significado simbólico, indicava o sentido dos acontecimentos ou as qualidades das pessoas. A idade dos patriarcas, cem ou mais anos, não era contada em razão dos anos realmente vividos, mas em razão da veneração que mereciam, do quanto eram queridos por Deus. No capítulo quinto do Gênesis, encontramos uma série de dez gerações desde Adão até o patriarca Noé. Dez era apenas o número que indicava uma série completa e final. Falando de dez patriarcas, o hagiógrafo (escritor sagrado) queria abarcar todos os acontecimentos, todas as gerações entre Adão e Noé, fossem lá quais e quantos fossem. Não estava, de modo algum, querendo ensinar que, de fato, tinha havido apenas uma série de dez gerações. De modo semelhante, Jesus fala das "dez virgens"; São Paulo menciona os "dez adversários" que nos tentam separar do Cristo (Rm 8,38s), e os "dez vícios" que nos podem excluir do Reino de Deus (1Cor 6,9s). Os meses do ano são doze. Por isso esse número também significava a perfeição, a totalidade.

Quando damos um número, estamos, de fato, excluindo qualquer quantidade maior ou menor, a não ser que digamos claramente o contrário. Os judeus indicavam o número que interessava no momento. Podemos dar alguns exemplos: Mc 11,2; Lc 19,30 e Jo 12,14 dizem que Jesus entrou em Jerusalém montado em um jumento. Mt 21,2 fala, porém, de uma jumenta e de um jumentinho. Mc 10,46 diz que, ao sair de Jericó, Jesus curou um cego; Mt 20,30 diz que dois foram os cegos curados. Além do mais, precisamos ainda lembrar que, muitas vezes, houve engano dos copistas na transcrição dos números. Engano fácil de entender, já que os números eram representados com letras do alfabeto, bastante parecidas entre si.

Bastam esses exemplos para perceber o cuidado necessário para termos uma correta compreensão dos textos bíblicos.

2. Gêneros literários

Há ainda um outro fator que devemos levar em consideração: o gênero literário, isto é, o tipo de composição que temos diante de nós. Isso vai determinar o sentido e o alcance que lhe podemos dar.

Se você ouve alguém contar uma história para crianças, uma dessas histórias em que os animais falam, aparecem fadas e bruxas, você não vai entender essa história do mesmo modo como entende as palavras de alguém que lhe estivesse contando um fato real. Há muita diferença entre uma poesia, ou a letra de uma canção, e um trecho de um livro de ciências. Uma carta é bem diferente de uma reportagem ou notícia no jornal. Um discurso político não é a mesma coisa que um sermão. Aí estão exemplos de alguns "gêneros literários".

A poesia, a anedota, a narrativa histórica, cada gênero literário tem suas regras próprias de composição. Tem sua linguagem própria, suas palavras apropriadas, seu estilo. Escrevemos ou falamos de um jeito quando queremos ensinar; de outro, quando queremos divertir, ou agradar, ou informar, ou amedrontar, e assim por diante.

E mais. Cada "gênero literário" olha para a realidade de um lado diferente. Alguns querem apresentar um fato real, enquanto outros falam de fatos imaginários. Alguns podem aprofundar o assunto até os mínimos detalhes, outros ficam só em generalidades. E podemos ainda notar que essas formas de expressão variam conforme o povo, o tempo e o lugar.

Também na Bíblia podemos encontrar muitos gêneros literários bem característicos. Há narrativas, históricas ou não, há poesia, parábola, alegoria, profecia, apocalipse (revelação). E temos de levar isso em conta ou então vamos interpretar mal o que foi escrito. O que lemos no Apocalipse ou nos Profetas não pode ser compreendido do mesmo modo como se estivéssemos lendo os Evangelhos. Vamos entender mal as Epístolas de São Paulo se esquecermos que são cartas escritas em circunstâncias bem concretas. Precisamos conhecer e levar em consideração as regras próprias de cada gênero literário para não ler o que não foi pensado nem escrito pelos autores da Bíblia.

3. A Bíblia e a História

Lendo a Bíblia, encontramos narrativas que nos levam a perguntar: – "Será que isso aconteceu mesmo?" Tanto mais que, muitas vezes, os dados fornecidos parecem não coincidir com o que atualmente conhecemos da História do antigo oriente.

No livro de Daniel, por exemplo, está escrito que o rei Baltazar da Babilônia era filho de Nabucodonosor. Ora, pelos documentos babilônicos, conservados em tabuinhas de argila, sabemos que Baltazar era de fato filho de Nabonide, quarto sucessor de Nabucodonosor.

E o livro de Jonas, será que quer apresentar um fato histórico ou seria apenas uma narrativa com finalidade edificante? A mesma pergunta podemos levantar quanto aos livros de Jó, de Judite, de Tobias e outros.

Não vem ao caso um exame detalhado de todos os problemas que se apresentam. Vamos ver apenas alguns princípios que nos ajudem a compreender o modelo literário de História usado em algumas partes da Escritura.

Em primeiro lugar, é preciso saber que a Bíblia se interessa pela História na medida em que os acontecimentos têm uma importância religiosa. O que interessa ao hagiógrafo é apresentar o que Deus fez pela salvação dos homens, e qual a resposta que os indivíduos, o povo e a humanidade deram à proposta divina. São mencionados, por isso, apenas os fatos realmente significativos sob esse aspecto. Esses fatos são narrados de forma a dar relevo a seu significado religioso. Dados de menor importância são omitidos ou apresentados de modo aproximativo, sem que se procure a exatidão que estamos acostumados a encontrar na História cientificamente escrita.

Não podemos, porém, esquecer que a Bíblia se apresenta como o relato do que Deus *realmente* fez para nossa salvação. Não quer apresentar lendas e mitos. Apenas afirmar fatos: e a fé cristã é possível somente se aceitamos a realidade desses fatos fundamentais.

Por outro lado, é bom lembrar que as descobertas arqueológicas dos últimos tempos vêm confirmando dados, até então, conhecidos apenas por meio das informações bíblicas. O que nos dá, mesmo do ponto de vista da ciência histórica, uma garantia bastante grande pelo menos quanto à exatidão dos fatos centrais.

Finalmente, há na Bíblia muitas narrativas que não precisam nem podem ser tomadas como apresentação de fatos realmente acontecidos. São "histórias" contadas com a finalidade de ensinar, exortar, animar.

Concluindo: A Bíblia não erra nem pode errar quando o autor sagrado *quer de fato* apresentar o que *realmente* aconteceu. Nem tão pouco pode errar ao nos dar o sentido, a significação religiosa dos fatos.

4. A Bíblia e a Ciência

Nossa visão atual do mundo, dos seres vivos e da humanidade é muito diferente da que encontramos na Bíblia. Essa nossa visão é formada por conhecimentos certos, adquiridos por meio das descobertas científicas, ou se baseia em hipóteses, tentativas de explicação coerente para os fenômenos que ainda não chegamos a compreender perfeitamente.

Na Bíblia, encontramos uma concepção do mundo bastante poética e, ao mesmo tempo, simplista. A Terra era considerada como uma grande planície, cercada de altas montanhas (onde moravam o Sol e a Lua). Sobre essas montanhas, como se fossem imensos pilares, estaria apoiado o céu, imaginado como imensa cúpula de cristal, onde estariam incrustadas as estrelas. A Terra estaria flutuando sobre um mar imenso, sob o qual estava a habitação dos mortos. Acima dos céus, havia o grande mar superior, e mais alto ainda o céu, habitação de Deus.

A origem do mundo e da humanidade era imaginada como acontecimento bem recente. A uma palavra de Deus, a criação teria surgido como um todo perfeito e definitivo. Os fenômenos naturais (ventos, raios, chuvas) eram atribuídos a uma intervenção direta de Deus. As doenças eram causadas por forças misteriosas. Baste isso para nos fazer compreender a dificuldade de alguns em conciliar as afirmações da Bíblia com os dados científicos agora conhecidos.

Houve tempo em que se tomaram atitudes extremas. Alguns, partindo dos conhecimentos atuais, viam a Bíblia cheia de erros e tentavam explicar tudo, até os milagres, de um modo natural. Outros tentavam colocar a Bíblia como critério para nosso conhecimento científico da natureza; ou, então, queriam a todo custo fazer uma acomodação entre suas afirmações e as da ciência. Tentativas que não serviam nem à verdade da Bíblia nem à verdade da ciência.

Para evitar mal-entendidos podemos seguir estes princípios:

1º) A Escritura não quer ensinar "ciência". Quer apresentar-nos Deus, suas obras e seus planos para nossa salvação. Como dizia um escritor antigo: "A Escritura ensina-nos como ir ao céu e não como vai indo o céu". É claro, porém, que, falando sobre Deus e suas obras, a Bíblia faz afirmações que têm consequências para a ciência e para a filosofia. Por exemplo, quando afirma que tudo quanto existe não surgiu por si mesmo, mas foi criado por livre decisão de Deus.

2º) A Bíblia, quando fala dos fenômenos e realidades da natureza, fala ao modo do povo, fala segundo as aparências: o Sol que nasce e se põe etc. E, muitas vezes, os hagiógrafos usam uma linguagem poética, que personifica as forças da natureza.

5. A Bíblia e a Moral

Quem lê o Antigo Testamento poderia ficar chocado com certos costumes, mais ou menos tolerados, ou com certos episódios, mais ou menos escabrosos. Como é possível isso num livro escrito sob a inspiração divina?

A Bíblia fala sobre o homem. Fala, pois, do que há de bom e mau, mesmo em homens que deviam desempenhar um importante papel nos planos de Deus. Não fala do mal simplesmente por falar, nem muito menos para o ensinar e aprovar. Quer mostrar até que ponto pode chegar a fraqueza humana, quer ensinar-

-nos a evitar todo pecado. Justamente essa presença do mal mostra-nos como Deus foi pacientemente educando a humanidade para que pudesse, afinal, aceitar e viver o Evangelho de Cristo. Deus não impunha exigências maiores do que as assimiláveis por homens ainda presos a uma situação precária. Não estava interessado apenas em fazer cumprir um código moral; queria levar as pessoas a um crescimento interior. Sabia esperar o momento de mandar seu Cristo que, diante das tolerâncias da lei antiga, iria anunciar: "... eu, porém, vos digo...!"

Neste ponto podemos concluir:
A Bíblia não erra nem pode errar em nenhuma das afirmações que Deus e o hagiógrafo quiseram de fato fazer e no sentido em que as fizeram.

Até agora vimos vários elementos necessários para uma correta interpretação desse livro que, para nós, é a Palavra de Deus. Basta lembrar o que já vimos sobre a mentalidade e o modo de falar dos hebreus, os modelos literários usados antigamente, o ambiente em que lentamente foi sendo formada a Bíblia nas diversas épocas.

Tendo tudo isso em vista, temos agora a Bíblia nas mãos e vamos começar a leitura. O que devemos considerar para não ler o que não está escrito?

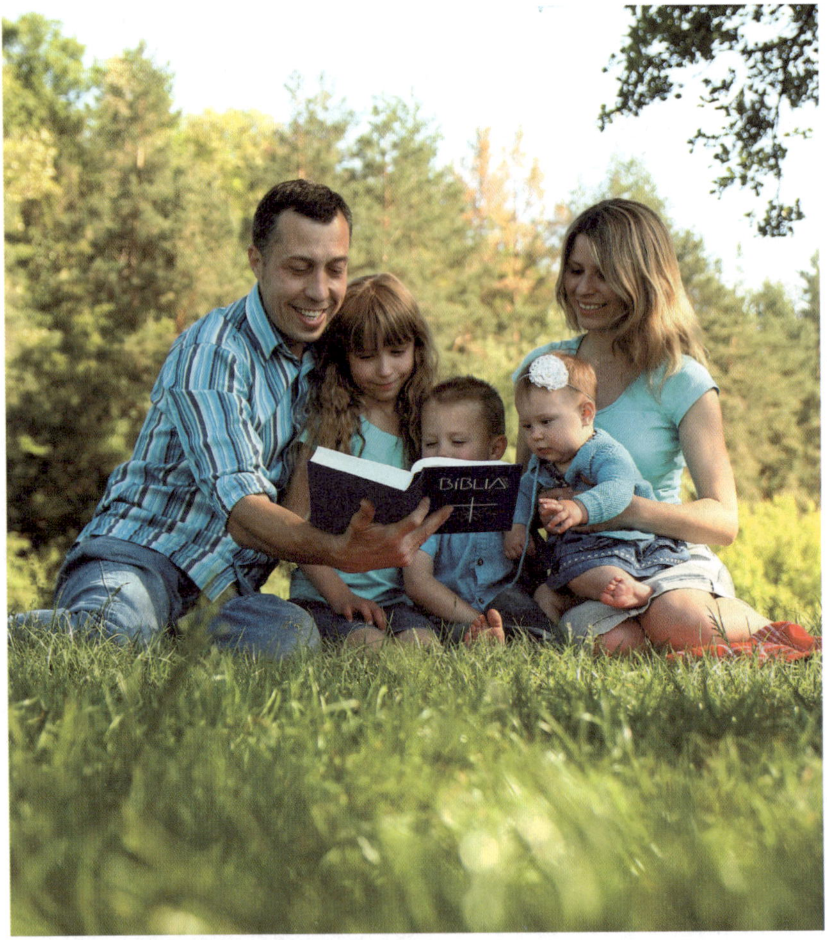
BÍBLIA

6
A BÍBLIA BEM INTERPRETADA

1. Na Bíblia vamos procurar a Palavra de Deus para nossa salvação

Não procuramos apenas uma palavra geral, dirigida a todos. Mas uma palavra dirigida especialmente a nós, a cada um de nós concretamente. Procurando a palavra de Deus, queremos saber o que ele tem para nós. Para ouvir alguém é preciso "escutar", e não querer fazer o outro dizer o que nós queremos ouvir. Deus é que se manifesta a nós, falando-nos de seus segredos mais íntimos e pessoais, segredos que nunca poderíamos descobrir por mais aguda que fosse nossa inteligência. Quem já sabe, quem já tem ideias formadas, não pergunta, não escuta. A primeira condição para compreender bem a Bíblia será, pois, deixar de lado nossas ideias próprias.

2. Vamos ler a Bíblia com a Igreja

Pela história do Antigo e do Novo Testamentos, vimos como a Bíblia se formou sempre no ambiente de uma comunidade. Os hagiógrafos foram instrumentos de Deus, que estabelecia contato com um povo, com uma comunidade. Os livros inspirados por Deus tornavam-se patrimônio do povo, inspiravam sua vida, eram conservados como um tesouro, mais no coração do que em papiros e pergaminhos. Os hagiógrafos, inspirados por Deus, viviam no seio de uma comunidade, eram herdeiros de uma tradição de vida, falavam uma linguagem que era a linguagem do povo e compreensível para o povo. Suas palavras não estavam entregues à especulação de cada um: era o povo, era a comunidade que as interpretavam dentro de uma experiência vivida.

O mesmo Deus, que inspirava os hagiógrafos, velava também para que o povo escolhido pudesse compreender a mensagem que lhe era dirigida. Se isso já era assim com o povo do Antigo Testamento, mais decisivo ainda é o papel da comunidade da Nova Aliança, a Igreja. Cristo prometeu-lhe uma assistência, um acompanhamento contínuo para que ela possa continuar anunciando sem falha o caminho da salvação. Colocou à sua frente os apóstolos e seus sucessores, aos quais confiou a missão de ensinar com autoridade e garantia de infalibilidade.

É por isso que, para compreender bem a Bíblia, é preciso lê-la como a lê a Igreja. Se tivermos a impressão de encontrar na Bíblia alguma doutrina diferente da que sempre foi ensinada pela Igreja, podemos ter certeza de que estamos interpretando mal e tomando o caminho errado.

É claro que, com isso, estamos tomando uma posição que só é possível pela fé. A mesma fé que nos leva a acreditar que a Bíblia seja o Livro de Deus, leva-nos também a aceitar como certa e infalível a interpretação que nos é dada pela Igreja. Não é possível acreditar realmente que a Bíblia seja a Palavra de Deus e, ao mesmo tempo, invocá-la contra a Igreja. Do mesmo modo como não é possível aceitar a Igreja e recusar-se a aceitar a Bíblia como Palavra de Deus.

É só na comunidade de fé que podemos conhecer realmente a Bíblia, porque a Bíblia é a mensagem de Deus para a comunidade: ensina-lhe uma vida e, simultaneamente, retrata essa vida.

A Palavra de Deus é a força que forma e modela a comunidade: é sua alma e sua vida. Não colocamos a Comunidade-Igreja acima da Sagrada Escritura. Isso não. É nossa interpretação, nossa compreensão que devem ser orientadas pela comunidade. Queremos ouvir a palavra de Deus e não nossas próprias ideias:

por isso é que lemos a Bíblia e ouvimos o que nos diz o Cristo presente na Igreja.

3. Na Bíblia encontramos a revelação de Deus

Lentamente Deus foi preparando, educando a humanidade. Não teve pressa, soube esperar os momentos oportunos, não revelou tudo de uma só vez. Isso quer dizer que, ao ler a Bíblia, principalmente o Antigo Testamento, não podemos esperar encontrar desde o começo a mensagem completa de Deus. Não podemos estranhar se, mesmo nos profetas, encontramos visões parciais se comparadas com nossa visão depois da realização das promessas em Cristo.

Por outro lado, a revelação divina é um todo, e a Bíblia forma um conjunto. Sendo assim, cada pormenor deve ser compreendido, considerando a revelação total. Será falsa qualquer interpretação que venha a contradizer a harmonia do conjunto.

Repetindo: Para compreender a Bíblia é preciso lê-la com a Comunidade-Igreja, à qual ela foi dirigida e confiada, levando em conta o conjunto da revelação. No conjunto de seus membros está presente o Espírito Santo, que os mantém na fidelidade.

A interpretação da Igreja manifesta-se de vários modos. Em primeiro lugar, na interpretação dada pelos "Santos Padres", como são chamados os escritores cristãos dos primeiros séculos. Eles são testemunhas da pregação da Igreja primitiva, eles foram os primeiros "teólogos" (quase sempre bispos), encarregados da formação e orientação dos fiéis. Quando eles, em matéria de fé e costumes, dão uma interpretação moralmente unânime para uma passagem da Sagrada Escritura, esse testemunho deve ser aceito por nós.

Temos, ainda, de refletir sobre as "declarações" oficiais da Igreja. Oficialmente, em nome da Igreja fala o Papa e falam os Bispos. Eles, como os Apóstolos, são os mestres para nossa fé, tendo recebido de Cristo essa missão. Se a Igreja toda, os Papas e os Bispos sempre interpretaram de um só modo uma passagem da Escritura, temos uma garantia de interpretação correta. A mesma garantia temos quando o Papa sozinho ou o Papa com os Bispos reunidos em Concílio nos dão uma interpretação num momento especial da vida da Igreja. Só para saber, isso não aconteceu muitas vezes, no máximo, umas vinte vezes é que solenemente disseram que um texto tem exatamente esta ou aquela interpretação. Poucas vezes fizeram o contrário, declarando que o texto não devia ser interpretado como estava sendo compreendido por esta ou aquela pessoa.

Mais a nosso alcance, podemos encontrar a interpretação que a Igreja sempre deu para a Bíblia, ouvindo as pregações, lendo os "Catecismos" e outros escritos aprovados pela Igreja, acompanhando cursos promovidos pelas paróquias, ouvindo programas de rádio e televisão, procurando na Internet informações apresentadas por católicos.

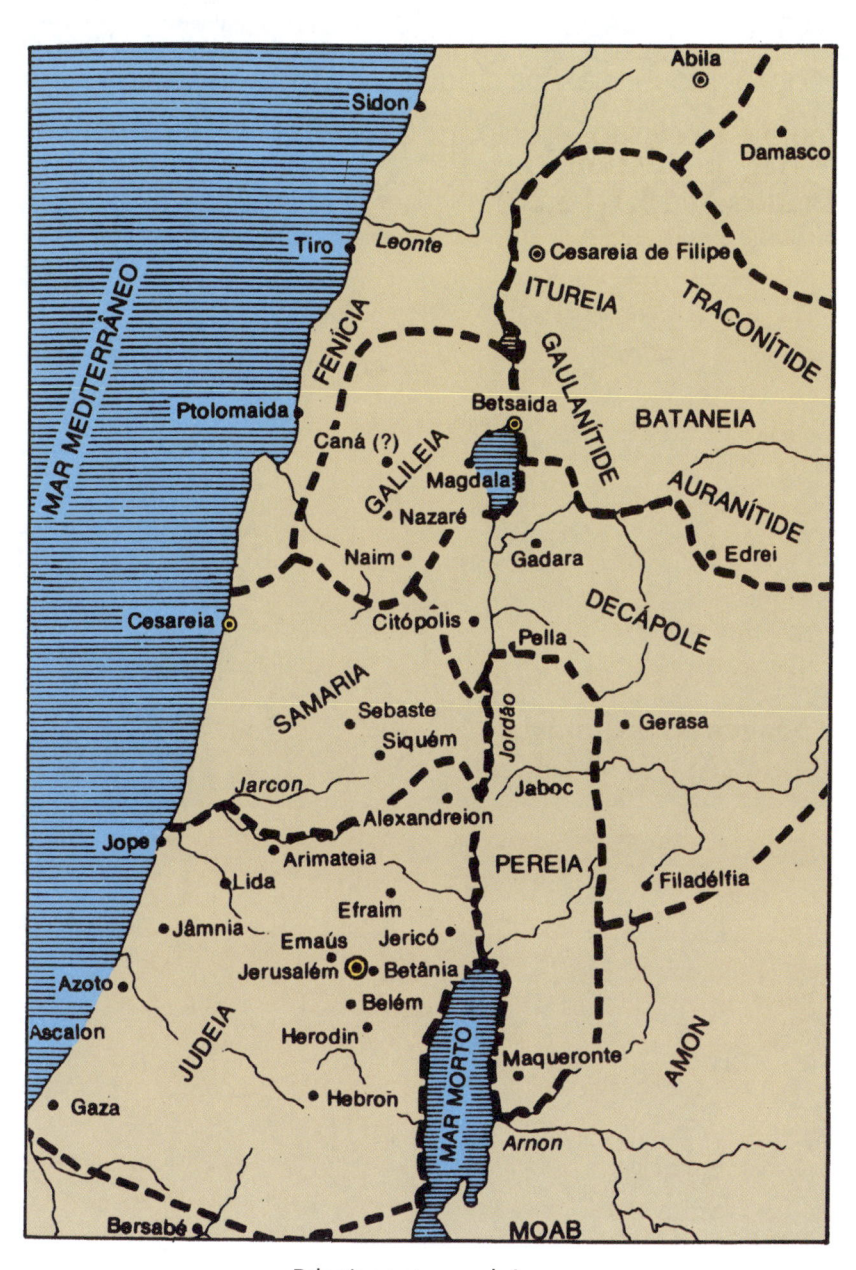

Palestina no tempo de Jesus

A 1ª viagem missionária de Paulo (At 13,1-14,28)

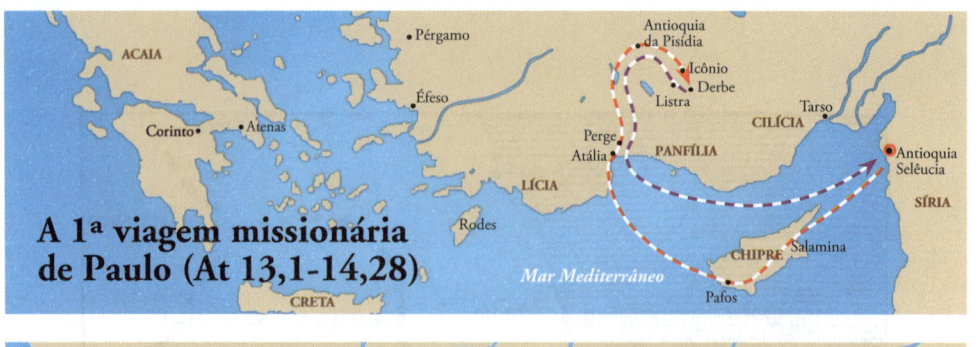

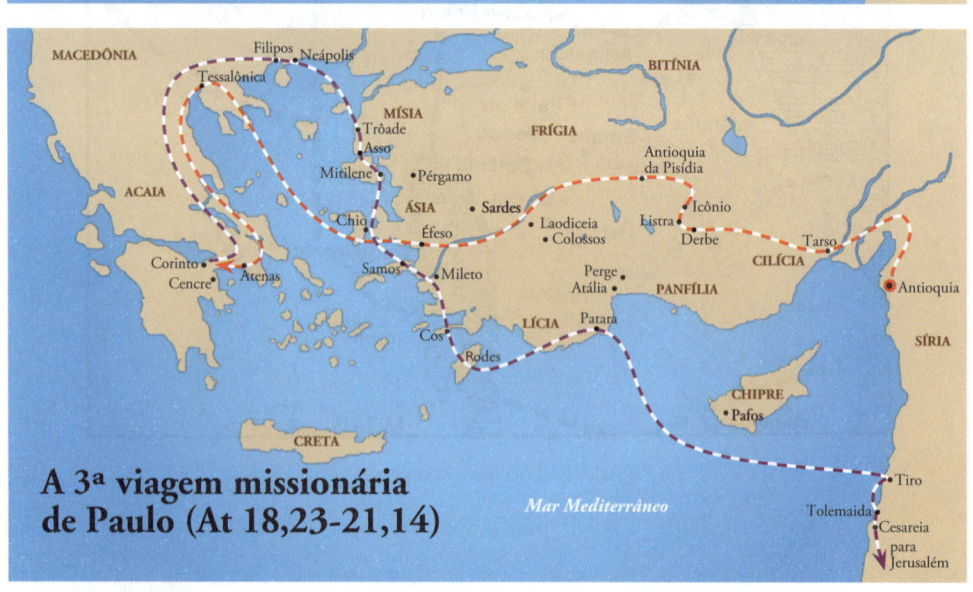

A 2ª viagem missionária de Paulo (At 15,36-18,22)

A 3ª viagem missionária de Paulo (At 18,23-21,14)

7
COMO LER A BÍBLIA

O Segundo Concílio do Vaticano recomenda-nos muito a leitura da Bíblia. Lembra até uma frase de São Jerônimo: "Quem não conhece as Escrituras, não conhece Cristo".

Logo a seguir o Concílio diz: "Lembrem-se de que a leitura da Sagrada Escritura deve ser acompanhada pela oração para que se estabeleça o diálogo entre Deus e o homem. Como diz Santo Ambrósio, lendo a Escritura, nós ouvimos Deus; pela oração, nós lhe falamos".

1. Para uma leitura proveitosa da Bíblia é preciso ter algumas noções básicas, algumas informações sobre o ambiente em que foi escrita, sobre seu estilo etc. Foi isso que tentamos ver até agora, de um modo muito simples e superficial, é claro.

2. O mais importante, porém, é termos uma atitude correta diante da Bíblia: uma atitude de fé. Em primeiro lugar, temos de acreditar que a Bíblia é para nós a palavra de Deus. Quem se aproximar sem essa convicção, poderá satisfazer sua curiosidade, poderá encontrar beleza literária, poderá até se tornar um "especialista". Não encontrará, porém, o alimento da palavra que salva.

Essa atitude de fé, essa atitude de quem acredita, exige que aceitemos a Bíblia como palavra de Deus recebida na Igreja, nossa comunidade de fé e de vida. Precisamos ler a Bíblia com a Igreja para ouvir realmente a palavra de Deus.

3. Pela fé, somos levados à docilidade, à atitude de quem está disposto a ser ensinado, de quem quer ouvir e aprender. Docilidade que é "abertura" para as coisas divinas, que devem ser julgadas e compreendidas de uma forma diferente da compreensão e do julgamento que temos das coisas humanas. Essa compreensão superior só nos é possível sob a iluminação da graça de Deus. Do poder de Deus que nos dá uma "conaturalidade", uma "sintonia" com as realidades divinas. Como disse Jesus, só o homem pode compreender o que existe no coração do homem. Do mesmo modo, só podemos compreender o que há no coração de Deus na medida em que, pela graça, participamos de algum modo da natureza do próprio Deus.

Isso quer dizer que, para compreender a Bíblia, devemos participar da vida divina pela graça. O pecado, que nos separa de Deus, fecha-nos também os olhos para a compreensão das coisas divinas.

4. Sendo assim, é fácil perceber que nossa leitura da Bíblia deve ser uma "oração". Em vários sentidos. A começar pela oração de quem pede a Deus que nos fale e nos abra o coração. Ou a oração de quem insiste na prece diante de uma passagem mais obscura, ou que nos parece encerrar uma mensagem mais rica do que percebemos à primeira vista. Prece de quem se sente sem forças para aceitar a exigência de certos convites ou mesmo de certos mandamentos e certas normas. Oração de louvor, ao percebemos a grandeza de Deus, de seu amor, de sua bondade, de sua misericórdia. É claro que essa atitude de oração exige que nossa leitura seja calma, vagarosa, tranquila, ouvindo, saboreando, assimilando. Afinal, o importante não é ler muito, mas ler bem.

5. Sim, porque devemos ler a Bíblia não apenas para saber, mas para vivê-la. Para, aos poucos, começar a ser como Deus quer que sejamos. Para ir assimilando sua maneira de pensar, julgar e querer. Essa mudança em nossa vida, geralmente, não acontece de repente, nem toda de uma vez. Supõe um contato demorado, repetido e continuado com a Palavra de Deus. E, uma vez que nossa vida não é sempre igual, será preciso saber

procurar na Bíblia a orientação apropriada para cada situação que estivermos vivendo no momento. Tomando sempre o cuidado, nunca é demais repetir, de não obrigarmos a Bíblia a dizer o que queremos ouvir.

6. Não é só nossa vida pessoal e "religiosa" que devemos pôr em julgamento diante da palavra de Deus. É toda a nossa vida, em toda a sua complexidade e em todos os seus aspectos, mesmo aqueles que nada têm a ver com "religião". É toda a vida da sociedade que devemos tentar compreender e julgar à luz da Bíblia: a política e a economia, as relações de trabalho, a comunicação, a arte, o lazer, toda a realidade humana, afinal. Do presente e do passado, tentando ainda encontrar rumos para o futuro.

7. A Bíblia se formou por inspiração de Deus, mas, ao mesmo tempo, formou-se no contexto da vida de uma comunidade – o povo judeu e depois a Igreja –, uma boa leitura da Bíblia supõe um contato contínuo com essa mesma comunidade. Primeiro pela participação em sua vida e em sua atividade. Depois, por um intercâmbio de experiência, esclarecimento, anseios e preocupações. Pela procura de irmãos mais esclarecidos ou mais experientes, que nos esclareçam e resolvam nossas possíveis dúvidas. Exatamente aí está a grande utilidade dos "Círculos Bíblicos" e de grupos semelhantes para a leitura e para a reflexão sobre a Bíblia. E, sempre

que possível, ou necessário, podemos encontrar um auxílio muito grande nos jornais, nas revistas, nos livros, nas pregações, nos cursos, nos programas de rádio, na televisão e internet.

As páginas que você leu não terão sido inúteis se você agora procurar maiores esclarecimentos e, principalmente, se iniciar um contato continuado com a Bíblia, a Palavra de Deus encarnada em pobres palavras humanas.

Mosaico em Santa Sofia, Istambul

Jesus Cristo
mensagem
sentido
cumprimento
das promessas

BÍBLIA, MEU LIVRO DE ORAÇÃO

Oração é conversa de Deus conosco e nossa com ele. Na Escritura Sagrada ele nos fala e pede-nos resposta. Façamos da Leitura da Palavra nossa palavra de resposta e compromisso.

Para orar com a Bíblia:

– LEIA devagar uma passagem bíblica, seguindo a Liturgia do dia ou fazendo uma leitura continuada.

– MEDITE, procure compreender o texto e tente repetir a mensagem que leu. Compare sua vida com o texto, e veja que decisão deve tomar.

– ORE, agradecendo o que o Senhor lhe diz e oferece. Peça ajuda para viver o que lhe propõe.

– ABRA SEU CORAÇÃO em silêncio, ouça para ouvir e deixe-o falar e fale com ele, com ou sem palavras.

Este livro foi composto com a família tipográfica Cabin
e impresso em papel Offset 75g/m² pela **Gráfica Santuário.**

OS 10 PECADOS
MORTAIS DO
MARKETING

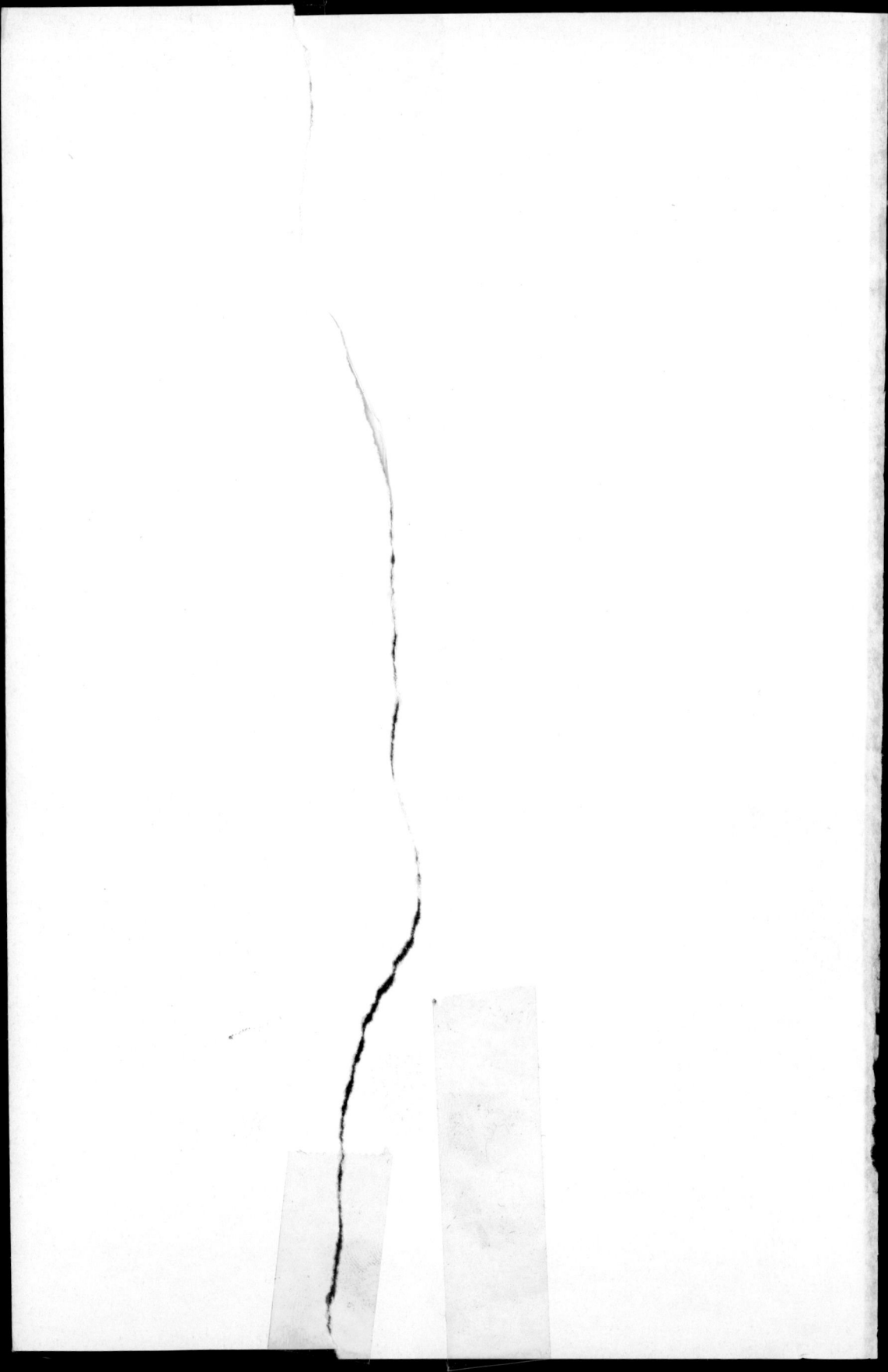

OS 10 PECADOS MORTAIS DO MARKETING

SINTOMAS E SOLUÇÕES

PHILIP KOTLER

Título original: *Ten Deadly Marketing Sins*

Copyright ©2004 por Philip Kotler
Copyright da tradução © 2019 por GMT Editores Ltda.

Esta tradução foi publicada em acordo com a editora original,
John Wiley & Sons, Inc.

Todos os direitos reservados. Nenhuma parte deste livro pode ser utilizada ou reproduzida sob quaisquer meios existentes sem autorização por escrito dos editores.

tradução: Ivo Korytowski
preparo de originais: Raïtsa Leal
revisão: Luis Américo Costa e Tereza da Rocha
diagramação: Ana Paula Daudt Brandão
capa: DuatDesign
imagem de capa: Piyaphong/Shutterstock
impressão e acabamento: Cromosete Gráfica e Editora Ltda.

CIP-BRASIL. CATALOGAÇÃO NA PUBLICAÇÃO
SINDICATO NACIONAL DOS EDITORES DE LIVROS, RJ

K88d   Kotler, Philip
           Os 10 pecados mortais do marketing/ Philip Kotler; tradução de Ivo Korytowski. Rio de Janeiro: Sextante, 2019.
           144 p.; 16 x 23 cm.

           Tradução de: Ten deadly marketing sins
           ISBN 978-85-431-0678-6

           1. Marketing – Administração. 2. Marketing – Planejamento. 3. Planejamento estratégico. I. Korytowski, Ivo. II. Título.

18-54301   CDD: 658.8
                                                        CDU: 658.8

Todos os direitos reservados, no Brasil, por
GMT Editores Ltda.
Rua Voluntários da Pátria, 45 – Gr. 1.404 – Botafogo
22270-000 – Rio de Janeiro – RJ
Tel.: (21) 2538-4100 – Fax: (21) 2286-9244
E-mail: atendimento@sextante.com.br
www.sextante.com.br

Dedico este livro aos meus seis netos –
Jordan, Jamie, Ellie, Olivia, Abby e Sam –, a
quem amo profundamente.

Sumário

Introdução O cenário atual do marketing 11

1 Sua empresa não é suficientemente focada no mercado e orientada para o cliente 21
Foco insuficiente no mercado 23
Orientação insuficiente para o cliente 28

2 Sua empresa não entende plenamente seus clientes-alvo 33
Informações deficientes sobre clientes-alvo 35
Vendas aquém das expectativas 36
Nível elevado de devoluções e reclamações de clientes 36
Ação necessária: mais e melhores pesquisas de clientes 37
Use mais técnicas analíticas 41
Crie painéis de clientes e revendedores 43
Instale um software de gestão de relacionamento (CRM) e faça mineração de dados 43

3 Sua empresa precisa definir e monitorar melhor seus concorrentes 45
Você está se concentrando demais no concorrente errado 47
Você não tem um sistema para organizar as informações sobre a concorrência 48
Nomeie um funcionário ou crie um departamento responsável pela inteligência competitiva 48
Contrate profissionais vindos da concorrência 49
Monitore qualquer nova tecnologia 50
Prepare produtos semelhantes aos da concorrência 50

4 Sua empresa gerencia mal o relacionamento com os stakeholders 53
Seus funcionários não estão satisfeitos 55
Seus fornecedores são de segunda linha 55

Seus distribuidores deixam muito a desejar	56
Seus investidores não estão satisfeitos	56
Adote a mentalidade de soma positiva	57
Gerencie melhor as relações com os funcionários	57
Gerencie melhor as relações com os fornecedores	58
Gerencie melhor as relações com os distribuidores e revendedores	59

5 Sua empresa não é boa em identificar oportunidades   **61**

Sua empresa não teve sucesso em identificar oportunidades	63
A maioria das iniciativas fracassou	64
Crie um sistema para estimular o fluxo de novas ideias de seus parceiros	64
Utilize sistemas de criatividade para gerar novas ideias	66

6 O processo de planejamento de marketing de sua empresa é deficiente   **71**

Seu plano de marketing não tem lógica nem determinados componentes	73
Seu plano não permite simulação financeira	74
Seu plano não leva em conta contingências	74
Estabeleça uma sequência clara dos componentes do plano	75
Peça aos gerentes que preparem orçamentos flexíveis	75
Celebre os melhores planos no fim do ano	76

7 As políticas de produtos e serviços de sua empresa precisam de ajustes   **77**

Produtos em excesso não dão lucro	79
Serviços em demasia são oferecidos de graça	80
Poucas vendas cruzadas (*cross-selling*)	80
Crie um sistema de monitoramento e avaliação de produtos	81
Decida quais serviços serão cobrados e quais serão gratuitos	82
Melhore os processos de vendas cruzadas (*cross-selling*) e *upselling*	82

8 As habilidades de construção de marca e comunicação de sua empresa são ineficazes   **85**

Seu público-alvo não conhece sua empresa	87

Sua marca se parece com todas as outras	88
Os recursos para promoção são praticamente iguais todos os anos	88
Você não avalia o impacto financeiro dos investimentos	88
Melhore as estratégias de construção de marca e meça o impacto sobre o valor de marca (*brand equity*)	89
Direcione investimentos para as ferramentas de marketing mais eficazes	91
Exija que os profissionais de marketing estimem o impacto financeiro de suas solicitações de gastos	96

9 Sua empresa não está bem organizada para o marketing eficaz e eficiente — 97

O líder da área de marketing não parece muito eficaz	99
A equipe de marketing não tem as competências necessárias	100
Relações tensas entre marketing e outros departamentos	100
Nomeie um líder mais forte para o departamento de marketing	101
Desenvolva novas competências no departamento de marketing	101
Melhore o relacionamento entre o marketing e os outros departamentos	112

10 Sua empresa não explora todo o potencial da tecnologia — 117

Aproveitamento insuficiente da internet	119
O sistema de automação de vendas está ultrapassado	119
Não há exemplos de automação de mercado	120
Há poucos modelos formais de decisão	120
Painéis de controle de marketing são pouco utilizados	120
Explore a internet	121
Melhore seu sistema de automação de vendas	124
Aumente o uso da automação de mercado	125
Desenvolva modelos de apoio às decisões	126
Desenvolva painéis de controle (*dashboards*) de marketing	126

Epílogo Os 10 mandamentos do marketing eficaz	129
Agradecimentos	133
Notas	137

INTRODUÇÃO
O cenário atual do marketing

O marketing está com problemas. Não a teoria, mas a prática. Cada novo produto ou serviço precisa ter o suporte de um plano de marketing que traga um bom retorno e cubra o investimento correspondente de tempo e dinheiro. Então por que 75% dos novos produtos, serviços e negócios fracassam?[1] Os insucessos acontecem mesmo com todo o trabalho de pesquisa de mercado, desenvolvimento e teste de conceito, análise de negócios, desenvolvimento e teste de produto, testes de mercado e lançamento comercial.

O marketing deve direcionar a estratégia de negócio. O trabalho dos profissionais de marketing é *pesquisar* novas oportunidades para a empresa e aplicar cuidadosamente as técnicas de *segmentação, targeting* (*público-alvo* ou *mercado-alvo*) e *posicionamento* (STP) para conduzir o novo negócio na direção certa. Em seguida, devem detalhar os *4Ps – Produto, Preço, Praça (ou Ponto de venda) e Promoção* – e assegurar que sejam coerentes entre si e com a estratégia STP. Por fim, os profissionais de marketing devem *implementar* o plano e *monitorar* os resultados. Quando os resultados não correspondem às expectativas, esses profissionais precisam decidir se a culpa é de uma implementação ruim, um mix de marketing incoerente, uma estratégia STP equivocada ou uma pesquisa de mercado incompetente.

Atualmente, porém, muitos departamentos de marketing não cuidam de todo o processo, que é conduzido por uma mistura de profissionais de marketing, estrategistas, pessoal financeiro e operacional. De alguma forma um novo produto ou serviço emerge, e ao marketing cabe cumprir sua verdadeira missão, como concebida pelo restante da empresa: vender e promover. Assim, grande parte do trabalho de marketing é reduzido a um único P – Promoção –, em vez de 4Ps. Como a empresa acaba produzindo um produto que não vende bem, a tarefa principal do marketing passa a ser resolver a bagunça com promoções de varejo (*hard sell*) e propaganda.

Eis um exemplo de marketing de um único P. Perguntei ao vice-presidente de marketing de uma grande companhia aérea europeia se ele definia os preços das passagens da empresa.

– *O departamento financeiro faz isso.*
– *Você influencia as opções de cardápio oferecidas no avião?*
– *Não, isso é feito pelo catering.*
– *Você tem voz ativa na definição de critérios para a seleção da tripulação?*
– *Não, os recursos humanos cuidam de tudo.*
– *E a limpeza dos aviões?*
– *É tarefa da manutenção.*
– *Então o que você faz?*
– *Eu gerencio a propaganda e as vendas.*

Claramente essa companhia está tratando o marketing como uma função de um único P.

E o pior: o marketing não está se saindo muito bem com a propaganda e as vendas. Basta perguntar a qualquer CEO que estremece ao receber a conta dos esforços de propaganda em períodos de vendas estagnadas ou em queda. "Quais foram os benefícios da propaganda para nós?", ele pergunta ao vice-presidente de marketing. Na melhor hipótese, a resposta será que as vendas teriam sido ainda piores sem ela. "Mas, em termos de investimento, qual foi o retorno?" Não existe uma boa resposta.

É compreensível que os CEOs estejam ficando impacientes com o marketing. Eles recebem informações claras sobre os investimentos em finanças, produção, tecnologia da informação e até compras, mas não sabem o que os investimentos em marketing estão alcançando. É certo que o marketing envolve uma cadeia de eventos mais complexa, na qual é mais difícil rastrear causa e efeito. Mas há progressos sendo feitos na teoria, e outras empresas estão conseguindo colocá-los em prática. Por que isso não pode ser feito na empresa deles?

Tudo indica que o marketing vai se tornar mais desafiador no futuro. Considere o seguinte:

- Está cada vez mais difícil para as grandes marcas obter uma remuneração adequada para cobrir o custo de construção de marca. Por quê? O Walmart e seus imitadores estão pressionando os fornecedores a baixar cada vez mais os preços, caso desejem continuar fazendo negócio com eles. E os megavarejistas estão produzindo marcas próprias, cuja qualidade está alcançando um nível semelhante ao das grandes marcas. Marcas próprias não precisam pagar por pesquisa, propaganda e vendas. E dizem que a Geração Y está mais cética em relação à propaganda. No livro *Sem logo*, Naomi Klein faz muita gente refletir sobre quanto deve pagar pelas marcas mais anunciadas e qual o efeito do branding desenfreado nos custos da sociedade.[2]
- As empresas têm adotado o sistema de gestão do relacionamento com o cliente (Customer Relationship Management – CRM) como a mais recente panaceia para seus males. Isso significa coletar informações privadas sobre os consumidores para tentar descobrir o que eles estariam mais tentados a comprar. No entanto, há uma crescente oposição à coleta de informações pessoais. Além disso, as pessoas estão cada vez mais aborrecidas com malas diretas, spam e telemarketing. O Congresso dos Estados Unidos aprovou uma lei que garante aos cidadãos o direito de tornar seus domicílios não disponíveis a ações de

telemarketing, e as empresas infratoras ficaram sujeitas a multa de 11 mil dólares. É bom que as empresas mudem para o marketing de permissão (*opt-in*) o mais rápido possível.

- Os planos de fidelidade parecem uma boa ideia e funcionam bem para aqueles que os lançam primeiro. No entanto, a concorrência não terá alternativa senão lançar o próprio programa. Por exemplo, a maioria dos homens e mulheres de negócios possui tanto Visa quanto MasterCard e American Express e obtém pontos nos programas de milhagem voando em qualquer companhia aérea.
- Não importa quanto uma empresa consiga reduzir os custos de produção em seu país, ela não conseguirá oferecer o produto mais barato se houver um concorrente chinês. Os chineses conseguem produzir tudo mais barato e estão começando a produzir com qualidade similar. Logo eles terão o poder de repetir o jogo japonês: melhor qualidade a preços mais baixos. Isso foi um golpe para países que se anunciavam como fonte de mão de obra barata, como os latino-americanos e do Leste Europeu. Com isso, o México vem perdendo fábricas de automóveis e outras indústrias, que se mudaram para a China. Naturalmente, os produtores americanos transferirão suas unidades industriais dos Estados Unidos para áreas mais baratas, o que levará ao aumento do desemprego no país. A redução de empregos significa menor poder de compra e menos vendas, produzindo assim um círculo vicioso.
- Os custos do marketing de massa estão crescendo, ainda que sua eficácia esteja caindo. À medida que menos pessoas prestam atenção nos comerciais na televisão – seja ignorando-os ou mudando de canal –, as redes de TV estão elevando os preços do espaço publicitário. Isso forçará os profissionais de marketing a procurar mídias mais eficazes.
- A diferenciação é o grito de guerra dos marqueteiros: "Diferenciar, diferenciar, diferenciar." Anos atrás o professor Theo-

dore Levitt afirmou ser possível diferenciar qualquer coisa, até sal e cimento. Mas o problema se apresenta em duas frentes. Na primeira, constata-se que muitas diferenciações não importam aos consumidores – são espúrias ou pouco atraentes. A outra, mais complicada, é que os concorrentes são rápidos em copiar qualquer diferenciação efetiva, fazendo os inovadores desfrutarem ciclos de vida ainda mais curtos, sem conseguir recuperar seus investimentos.

- Os consumidores estão mais bem informados e possuem hábitos de compra mais sofisticados. Se alguém deseja comprar uma câmera digital, simplesmente faz uma busca pela internet e consegue comparar os preços em dezenas de lojas on-line. E a variação de preços é chocante! Os consumidores estão sendo treinados para ter consciência dos preços. As compras on-line se resumem ao preço, e não a questões de confiabilidade ou serviços diferenciados. Além disso, é importante ter em mente que os consumidores atuais entram em uma concessionária de automóveis munidos da informação de quanto exatamente o carro deve custar. Alguns entram em sites como Priceline.com e declaram o valor que pagariam por determinado modelo, caso alguma concessionária aceite a oferta.
- Durante os períodos de recessão, as empresas continuam cortando gastos com marketing, justamente o apoio do qual dependem suas vendas. Mas, se não recebem dados objetivos sobre o retorno obtido com esses gastos, como culpá-las?

Poderíamos continuar com a lista, mas nosso ponto já está claro: os profissionais de marketing enfrentarão desafios cada vez maiores ao tentarem preservar as margens e atingir as metas de lucro. Para piorar, muitas empresas possuem uma estrutura organizacional ineficiente do ponto de vista do marketing. Se acrescentarmos a ineficácia com a qual todos esses desafios são enfrentados, temos a receita para o desastre.

Eu me propus a identificar as deficiências de marketing mais evidentes que impedem o sucesso das empresas no mercado e as chamei de *Os 10 Pecados Mortais do Marketing*. As empresas precisam considerar dois pontos: primeiro, quais são os *sinais* de que uma companhia está cometendo determinado pecado de marketing? Segundo, quais são as melhores *soluções* para superar o problema?

Se eu dirigisse uma empresa, me sentaria com meus colegas e examinaria cada um dos 10 pecados. Nós determinaríamos quais seriam os mais graves e buscaríamos a melhor solução para cada caso. Eu atribuiria a um executivo sênior a responsabilidade por melhorar o desempenho em função dessas diretrizes. Reconheceria que algumas dessas deficiências exigirão um investimento sustentado por um longo período, mas se é isso que atrapalha o sucesso, eu garantiria os recursos.

Basicamente, acredito que o trabalho do marketing não deveria se concentrar em promoção, e sim em criar produtos que não precisem ser promovidos. Os profissionais de marketing devem ser capazes de identificar oportunidades (ou seja, necessidades não satisfeitas ou soluções que melhorem a qualidade de vida) e de desenvolver e implementar planos que sejam bem-sucedidos no mercado. Quero que o marketing recupere seu verdadeiro papel, que é direcionar a estratégia da empresa.

Por fim, apresento Os 10 Pecados Mortais do Marketing.

OS 10 PECADOS MORTAIS DO MARKETING

1. A empresa não é suficientemente focada no mercado e orientada para o cliente.
2. A empresa não entende plenamente seus clientes-alvo.
3. A empresa precisa definir e monitorar melhor seus concorrentes.
4. A empresa gerencia mal o relacionamento com os stakeholders.
5. A empresa não é boa em identificar oportunidades.
6. Os planos de marketing e o processo de planejamento da empresa são deficientes.
7. As políticas de produtos e serviços precisam de ajustes.
8. As habilidades de construção de marca e comunicação da empresa são ineficazes.
9. A empresa não está bem organizada para o marketing eficaz e eficiente.
10. A empresa não explora todo o potencial da tecnologia.

1 | Sua empresa não é suficientemente focada no mercado e orientada para o cliente

Neste capítulo destacamos dois lados da deficiência mais prejudicial na maioria das empresas. Constatamos que ou sua empresa não adquiriu uma compreensão clara das oportunidades de mercado ou não está organizada de forma adequada para servir e entregar o que seus clientes-alvo desejam e esperam.

▶ Foco insuficiente no mercado

O que indica que seus profissionais de marketing não analisaram suficientemente o mercado?

> **▶ SINAIS:**
> - Identificação deficiente dos segmentos de mercado.
> - Priorização insuficiente dos segmentos de mercado.
> - Falta de gerentes de segmentos de mercado.

Identificação deficiente dos segmentos de mercado

Quando perguntarmos "Para quem você está tentando vender o seu produto?", por favor, não diga: "Para todos." Essa não é uma resposta aceitável.

Quando fiz essa pergunta a altos executivos da gigantesca rede de lojas Sears, eu me lembro de ouvir em resposta: "Nós vendemos para todos. Todos compram alguma coisa em nossa loja: roupas, martelos, eletrodomésticos..." Aí perguntei: "Vocês atendem muitos adolescentes comprando roupas na Sears?" "Não, não tantos quanto gostaríamos. Mas as mães compram na Sears." "Então nem todos os grupos são clientes fortes da Sears." "Sim, admitimos isso." "Então por que vocês não se concentram nos grupos que realmente gostam das suas mercadorias e do seu serviço em vez de tentar atrair todo mundo para a loja?" Eles não souberam responder.

Felizmente, a maioria das empresas não responde "para todos", mas isso não significa que o foco delas esteja correto. Uma loja de vestidos femininos poderia dizer: "Vendemos roupas para mulheres entre 20 e 50 anos." Eu diria que se trata de um grupo muito grande e com necessidades bastante variadas. Mulheres mais jovens tendem a se vestir pensando no ambiente social, ao passo que o grupo acima dos 35 anos provavelmente está mais interessado em roupas funcionais para o trabalho e o lar.

Há uma história sobre como Les Wexner deu início à The Limited, uma bem-sucedida rede de lojas de roupas femininas. O pai de Les tinha uma loja que oferecia todo tipo de vestido para mulheres de diferentes idades. Les estudava na Universidade Estadual de Ohio, onde aprendeu sobre segmentação de mercado. Então perguntou ao pai: "Por que oferecemos tantos vestidos para tantas mulheres diferentes?" O pai disse: "A resposta é óbvia: como vou saber qual tipo de mulher vai entrar na loja? Les, acho que mandar você para a faculdade foi jogar dinheiro fora." Quando Les assumiu o negócio, decidiu limitar as mercadorias visando as mulheres na faixa dos 20 anos e fez de tudo para se concentrar nesse grupo. Contratou vendedoras da mesma faixa etária, passou a tocar na loja as músicas que as mulheres jovens ouviam e adotou cores *mais atraentes para o grupo. Também mudou o nome da loja para The Limited.*

Priorização insuficiente dos segmentos de mercado

Muitas empresas identificam diferentes segmentos de mercado e preparam ofertas para cada um deles. Assim, uma indústria de alumínio pode vender seu produto com diferentes condições para fabricantes de aviões, de carros, de utensílios de cozinha ou para empresas da construção civil. Minha pergunta é se essa empresa avaliou a atratividade relativa de cada segmento. É claro que a indústria de alumínio está investindo recursos para atender todos os seus clientes, mas será que estimou o provável retorno sobre o investimento (Return on Investment, ROI) de cada segmento? Será que priorizou segmentos e realocou recursos para os mais rentáveis?

Falta de gerentes de segmentos de mercado

Os segmentos mais importantes deveriam ter gerentes com autonomia para a avaliação dos recursos necessários para produzir a taxa de retorno desejada pela empresa e com poderes para solicitá-los. E deveriam ser recompensados de forma compatível. No entanto, são poucas as empresas que designam líderes para gerir os segmentos mais importantes.

> **SOLUÇÕES:**
> - Adote técnicas mais avançadas de segmentação, como segmentação por benefícios, por valor e por fidelidade.
> - Priorize os segmentos mais importantes.
> - Profissionalize a equipe de vendas.

Medida necessária: Técnicas de segmentação de mercado melhores

A maioria das empresas pode realizar uma segmentação de mercado melhor do que a atual, pois em geral elas param no nível demográfico ou descritivo. Um grupo demográfico determinado – por exemplo, homens de 30 a 50 anos – costuma abranger indivíduos bem diferentes, com necessidades, preferências e valores variados. A Ford descobriu isso ao lançar um novo Mustang, cujo alvo eram motoristas jovens de espírito esportivo. Após o lançamento, a empresa percebeu que os jovens não estavam interessados, mas muitas pessoas mais velhas correram para comprar o carro.

No marketing B2B – business to business (de empresa para empresa) –, as companhias tendem a segmentar os compradores por tamanho: clientes grandes, médios e pequenos. Mas, se eu fosse vender softwares para pequenas empresas, começaria identificando as diferentes necessidades de pequenos escritórios de advocacia, firmas de contabilidade e consultórios médicos. Depois, eu provavelmente me concentraria em apenas um deles e me tornaria o melhor fornecedor do segmento escolhido.

De modo geral, procure primeiro segmentar os membros do mercado segundo as diferentes necessidades ou os benefícios esperados. Em seguida, tente achar descritores demográficos que possam ser correlacionados com as necessidades e os benefícios de modo a facilitar a busca de possíveis prospects ou consumidores em potencial.

Priorize os segmentos

Vamos supor que sua empresa identificou mais de um segmento. Por exemplo, a IBM vende computadores mainframe para empresas de vários setores. Isso não impediu a IBM de reconhecer que certos segmentos eram muito mais importantes do que outros. A empresa listou 12 setores nos quais concentraria seus esforços, entre eles os setores bancário, de seguros, hoteleiro, de telecomunicações e de transportes. Ao fazer pesquisas direcionadas para esses setores, a IBM conseguiu projetar ofertas mais atraentes do que seus concorrentes que não tinham esse foco.

"Verticalize" sua equipe de vendas

Se os segmentos de clientes são diferentes, você deve desenvolver equipes de vendas especializadas. Já faz tempo que a IBM aprendeu que vender um sistema de computador mandando um vendedor para apresentá-lo a um banco pela manhã e a uma rede de hotéis à tarde não rendia muitos negócios. O vendedor conhecia muito pouco as necessidades dos bancos e dos hotéis. A IBM descobriu que é muito melhor contratar ex-bancários para vender aos bancos e ex-hoteleiros para vender aos hotéis. Eles têm bastante experiência em seus respectivos setores e provavelmente já possuem uma rede de relacionamentos, o que os coloca em uma posição mais vantajosa para fechar vendas com eficácia.

A DuPont também aprendeu a importância de se organizar por segmentos de clientes. Em sua divisão de fibras, costumava ter vendedores especializados em cada tipo de produto: nylon, orlon e dacron. De um vendedor de nylon esperava-se que conhecesse todos os diferentes setores que compram a fibra, como fabricantes de roupas femininas, móveis, velas de barcos, pneus e assim por diante. Por fim, a DuPont se reorganizou e os vendedores passaram a cobrir mercados de clientes específicos. Eles se tornaram representantes de todas as fibras, não apenas de uma, fornecendo aos clientes o que queriam de acordo com suas necessidades.

Dica: defina seus segmentos de clientes com cuidado, priorize-os e escale gerentes de segmentos para os nichos mais importantes.

1▶ Orientação insuficiente para o cliente

O que indica que sua empresa não está suficientemente organizada para atender bem e satisfazer seus clientes? Eis os sinais:

> ▶ **SINAIS:**
>
> - A maioria dos funcionários acredita que atender clientes é tarefa dos departamentos de marketing e vendas.
> - Inexistência de programas de treinamento para criar uma cultura do cliente.
> - Inexistência de incentivos para tratar o cliente especialmente bem.

Conquistar clientes, atendê-los e satisfazê-los são tarefas dos departamentos de marketing e vendas

As empresas acharam conveniente organizar os funcionários em departamentos criados para realizar funções específicas. Um cientista passará seu tempo no laboratório, não com clientes. Um engenheiro de produção passará seu tempo na fábrica, não com clientes. Um funcionário de compras passará seu tempo com vendedores, não com clientes. E o pessoal de finanças passará seu tempo analisando números, não clientes.

O resultado disso é que as pessoas que trabalham nesses departamentos naturalmente supõem que outros departamentos – marketing e vendas – vão cuidar dos clientes. No entanto, sabemos que qualquer departamento pode colocar essas relações em risco. Eles ficam zangados quando o produto é malfeito, quando é entregue com atraso ou quando a fatura está errada, e a empresa perde clientes sem nenhuma culpa do marketing.

Não há necessidade de treinar outros departamentos para atender clientes

Treinar pessoas de outros departamentos para "pensar nos clientes" sai caro. É preciso elaborar cursos e contratar professores. Além disso, os funcionários precisam se afastar de suas atividades mais prementes para ouvir alguém falar sobre clientes.

Não há indicadores, incentivos ou sanções para melhorar o serviço ao cliente

Os funcionários sabem como são avaliados em seus departamentos e é isso que importa para eles, que irão se comportar de acordo com esses padrões. Na falta de indicadores claros do impacto de suas ações sobre os clientes, não prestarão muita atenção nisso no dia a dia.

> **SOLUÇÕES:**
> - Desenvolva uma hierarquia clara dos valores corporativos, com os clientes no topo.
> - Promova atividades que produzam maior "consciência dos clientes" nos funcionários e nos representantes da empresa.
> - Facilite o contato dos clientes com a empresa por telefone ou e-mail. Responda com rapidez às perguntas, sugestões e reclamações.

Desenvolva uma hierarquia clara dos valores corporativos, com os clientes no topo

Faça à gerência sênior a seguinte pergunta: "Qual é o principal grupo que vocês tentam satisfazer com o máximo esforço?" Muitos gerentes seniores rapidamente responderão: "Os acionistas. Eles são os donos da empresa. São eles que julgam nosso desempenho, afetam nosso custo de capital e assumem riscos. A opinião deles sobre nós se reflete diariamente na oscilação do preço das ações. Nossa primeira obrigação é para com os acionistas, por isso vemos tudo em termos do valor para o acionista."

Eu discordaria dessa visão com o argumento de que dar prioridade aos acionistas é a forma menos útil de servi-los. Prefiro endossar a hierarquia da Johnson & Johnson: "Os clientes vêm em primeiro lugar, os funcionários vêm em segundo e isso dará aos investidores os melhores resultados."

A rede de hotéis Marriott apresenta essa hierarquia de forma um pouco diferente: "Primeiro contratamos e treinamos os melhores funcionários. Se os funcionários estiverem contentes, atenderão os clientes com entusiasmo e competência. Então os clientes voltarão aos nossos hotéis. Isso produzirá o máximo de lucros para os investidores." Não surpreende que Hal Rosenbluth, líder de uma das maiores agências de viagens, tenha escolhido esse tema para seu livro, publicado com o título provocador *O cliente em segundo lugar*.[1]

A questão principal está clara: as empresas devem ter obsessão pelos clientes e funcionários porque, se eles não estiverem satisfeitos, será o fim delas.

Promova atividades que produzam maior "consciência dos clientes"

Mudar a orientação de uma empresa é uma tarefa enorme. As organizações desenvolvem culturas profundas que valorizam certos aspectos em detrimento de outros. Assim, uma empresa orientada para a engenharia irá se dedicar ao desenvolvimento de produtos de ponta e dos melhores sistemas de produção como a chave para vencer a batalha competitiva. Os engenheiros supõem que a maioria dos clientes será atraída pelos melhores produtos a preços menores.

Entretanto, essa é uma visão ingênua, porque a interpretação dos clientes de quais são os melhores produtos e quais são os preços adequados para si é muito variada.

Para mudar uma cultura arraigada e colocar os clientes no centro do universo da empresa seria necessário ter uma nova liderança forte e determinada. Sugerimos algumas ações-chave:

- *Desenvolva uma hierarquia clara dos grupos e dos valores.* Já enfatizamos a importância de criar e transmitir uma hierarquia clara dos grupos de clientes e dos valores corporativos aos funcionários.
- *Mostre como o comportamento de cada funcionário pode afetar os clientes.* Esclareça aos funcionários de cada departamento como suas ações específicas podem afetar de forma positiva ou negativa a aquisição ou a retenção de clientes. Destaque casos de clientes que foram conquistados ou perdidos pelo comportamento dos departamentos. Mostre como é importante que cada funcionário atenda bem os clientes, seja direta ou indiretamente.
- *Apresente resultados sobre a satisfação dos clientes com regularidade.* Avalie a satisfação geral dos clientes e também por grupos de clientes e itens específicos (produto, serviço, preço, etc.). Divulgue os resultados para todos os departamentos, visando inspirá-los a buscar melhoria na satisfação dos clientes a cada período. Estabeleça metas e retribua com bônus quando elas forem alcançadas ou superadas. Inclua no contracheque de cada funcionário a afirmação de que seu salário é pago pelos clientes.
- *Patrocine um programa de treinamento abrangente sobre serviço e satisfação de clientes.* A empresa pode oferecer cursos curtos elaborados para cada departamento a fim de treinar seu pessoal para aprimorar o serviço ao cliente. O objetivo é definir os valores corporativos e da marca e fazer os funcionários "vivenciarem a marca". Dessa forma, o pessoal do Walmart é determinado a fornecer produtos ao menor custo possível. Os funcionários do

Ritz-Carlton são determinados a fornecer o melhor serviço de hospitalidade. O pessoal da Volvo é determinado a projetar os automóveis mais seguros. A empresa até resistiu a acrescentar um sistema de posicionamento global (GPS) em seus modelos novos porque a tela representa um risco quando o motorista desvia os olhos da estrada para consultá-la. Por viverem a marca, os engenheiros da Volvo resistiram à adoção do GPS, mas por fim projetaram uma tela que era a mais fácil e segura de usar.

- *Certifique-se de que todos os distribuidores e revendedores também tenham obsessão pelo cliente.* De nada adianta para uma empresa se seus funcionários forem comprometidos com o cliente e seus representantes não. A organização precisa estimular em seus parceiros a mesma mentalidade para que o foco no cliente gere resultados.

Facilite o contato dos clientes com a empresa

Sempre fico frustrado quando telefono para um grande varejista de produtos eletrônicos e, depois de ouvir uma mensagem de dois minutos, descubro que é quase impossível contactar uma pessoa real. E, quando o contato enfim acontece e eu pergunto se a loja vende certo produto, o atendente diz que vai verificar e me deixa pendurado no telefone por mais três minutos até retornar e informar que está esgotado. E essa loja faz anúncios sobre seu ótimo atendimento!

Sua empresa precisa facilitar ao máximo o contato do cliente via telefone ou e-mail. Além disso, você deve fixar um padrão elevado para a velocidade de resposta. A Amazon estabelece que cartas e e-mails precisam ser respondidos no máximo em dois dias, e telefonemas, atendidos após quatro toques. O custo desse nível de serviço é baixo em comparação com o custo de perder clientes.

2 | Sua empresa não entende plenamente seus clientes-alvo

> **SINAIS:**
> - Sua última pesquisa de mercado foi realizada há três anos.
> - Os clientes não estão comprando seu produto no volume esperado; os produtos da concorrência estão vendendo mais.
> - Existe um nível elevado de devoluções e reclamações de clientes.

Informações deficientes sobre clientes-alvo

A primeira pergunta que faço é: "Quem é seu cliente-alvo?" Se a resposta não for clara, então a primeira tarefa é conversar sobre essa questão.

Se a resposta for clara, peço uma cópia da última pesquisa de mercado com detalhes sobre como os clientes-alvo da empresa pensam, agem e se sentem. A pior resposta para esse pedido seria "Não temos esse estudo". A segunda pior resposta é "Aqui está" e você recebe um calhamaço encadernado de três anos atrás. E o pior é que nunca foi aberto ou consultado. Os clientes de hoje, com certeza, não pensam, agem ou se sentem como há três anos. Na época havia prosperidade. Agora pode haver recessão. Podemos até questionar se a metodologia usada foi a mais adequada para obter informações sobre os clientes-alvo.

O desafio é ainda maior: como sua empresa pode ouvir a "voz do cliente" com regularidade? A melhor resposta é criar um diálogo constante com os clientes nos escritórios deles, nas lojas, pelo telefone, por e-mail. Assim a empresa poderá conhecer e personalizar ofertas, serviços e mensagens para cada tipo de consumidor.[1]

▌ Vendas aquém das expectativas

O plano de marketing de uma empresa define metas anuais de vendas, custos e lucro divididas em expectativas trimestrais ou mensais. Quando o desempenho está abaixo do esperado, é preciso identificar as causas: conjuntura econômica ruim, alguma mudança desfavorável nas preferências dos clientes, um produto superior da concorrência ou uma política de preços equivocada? Como a empresa deve revisar sua estratégia e suas ofertas?

▌ Nível elevado de devoluções e reclamações de clientes

Um sinal claro de que a empresa não compreende seus clientes é quando há um grande volume de devoluções e reclamações. A devolução de produtos é resultado de uma comunicação distorcida ou deficiente dos produtos. Empresas que vendem por catálogo sofrem quando não definem com clareza as características de um produto e este acaba sendo devolvido.

Reclamações de clientes podem resultar de uma gama de aborrecimentos: dificuldade de obter informações; fatura imprecisa; atendimento rude ou incompetente. As reclamações geram o risco de perder não apenas um, mas vários clientes. Cada cliente insatisfeito pode contar sobre seu descontentamento a uma dezena de conhecidos, que por sua vez espalham ainda mais a notícia negativa sobre a empresa. É evidente que a organização precisa responder de forma rápida e adequada aos clientes reclamantes. Alguns estudos surpreendentes mostram que clientes que reclamam e recebem uma solução rápida muitas vezes acabam sendo mais fiéis à empresa do que clientes que nunca se queixaram.²

> **SOLUÇÕES:**
>
> - Faça pesquisas de mercado mais sofisticadas.
> - Use mais técnicas analíticas.
> - Crie painéis de clientes e revendedores.
> - Instale um software de gestão de relacionamento com o cliente e faça mineração de dados.

▶ Ação necessária: mais e melhores pesquisas de clientes

A onda agora é buscar *informações sobre os clientes*. A empresa que conseguir obter uma compreensão mais profunda sobre as necessidades, as percepções, as preferências e o comportamento dos clientes terá vantagem competitiva. Qual tipo de pesquisa sua empresa realiza para obter informações sobre os clientes? Às vezes a melhor pesquisa consiste em manter um diálogo contínuo com seus consumidores-alvo, seja de forma isolada ou em grupos. É possível obter muitos dados e ideias assim. No entanto, a conversa de rua, embora valiosa, não é suficiente. Abordagens mais formais, como as listadas a seguir, também são necessárias.

- Grupos de discussão (*focus groups*).
- Pesquisas quantitativas.
- Entrevistas em profundidade.
- Pesquisas domiciliares.

- Pesquisas nas lojas.
- Cliente oculto.

Grupos de discussão (focus groups)

É possível aprender muito convidando de 8 a 12 pessoas para participar de uma discussão conduzida por um moderador habilitado sobre um tema específico, como a ideia de um produto novo, um produto existente, uma nova abordagem de comunicação ou alguma outra questão de marketing. A tarefa do moderador é fazer perguntas, solicitar comentários e conduzir a discussão de forma a manter o interesse, fazê-la avançar e obter os pontos de vista de todos os participantes.

Observei um grupo de discussão patrocinado pela Mercedes cujo objetivo era sondar o interesse dos consumidores americanos pelo Smart, um carro pequenino e estiloso que havia sido um sucesso na Europa. A maioria dos participantes se mostrou cética, argumentando que o carro parecia inseguro, era muito caro e talvez pudessem considerar comprá-lo apenas se quisessem um terceiro carro para fazer compras rápidas. Depois de ouvir isso de vários grupos de discussão, a Mercedes decidiu não lançar o carro nos Estados Unidos.

A realização de um ou mais grupos de discussão deverá gerar alguns insights sobre as necessidades, os pontos de vista, as atitudes e o provável comportamento dos consumidores. Trata-se de uma pesquisa exploratória, portanto a representatividade de suas descobertas não é revelada, sendo necessária para tanto a realização de uma pesquisa quantitativa complementar.

Pesquisas quantitativas

A pesquisa quantitativa pode ser usada para dimensionar diversas questões, inclusive aquelas levantadas em grupos de discussão. O pesquisador elabora um questionário que é enviado para uma amostra representativa da população-alvo. Isso fornecerá um quadro confiável das atitudes da população da qual a amostra é extraída, desde que todos os entrevistados respondam às perguntas. Quando há um número grande de entrevistados que não cooperam, a esperança é que as respostas desses entrevistados não sejam muito diferentes daquelas dadas pelos que cooperaram.

Entrevistas em profundidade

Ainda que cada entrevistado responda com sinceridade às perguntas do questionário, dificilmente a pesquisa quantitativa fornecerá insights profundos sobre as motivações do consumidor. As pessoas podem esconder, racionalizar ou mesmo não se conectar com seus sentimentos reais. Isso deu origem às entrevistas individuais em profundidade, que se baseiam em abordagens freudiana, jungiana e outras. As entrevistas em profundidade podem utilizar técnicas projetivas que visam contornar as reações racionais. No entanto, como acontece com os grupos de discussão, é difícil estabelecer a representatividade das descobertas em relação à população geral.

Pesquisas domiciliares

Pesquisadores comportamentais preferem observar a conduta das pessoas em situações reais em vez de fazerem perguntas. Isso deu origem a um crescente número de pesquisas por observação em domicílio, nas quais famílias concordam em realizar suas atividades cotidianas normalmente (cozinhar, comer, etc.) enquanto pesquisadores registram suas interações e conversas em vídeo. O objetivo é obter insights de como as pessoas agem quando cozinham, comem, ou escolhem uma roupa, por exemplo.

Pesquisas nas lojas

Além de observar o comportamento das pessoas em casa, alguns pesquisadores estão estudando ativamente o comportamento dos consumidores nos pontos de venda. Paco Underhill registrou suas descobertas no livro *Vamos às compras!*.[3] Ele oferece os seguintes conselhos para o projeto do espaço de varejo a fim de estimular as vendas:

- *Respeite a "zona de transição".* Quando entram na loja, os compradores provavelmente estarão andando rápido demais para reparar em cartazes, produtos ou vendedores. Eles começarão a reduzir o ritmo na zona de transição e só então passarão a observar os elementos no ambiente.
- *Mantenha os produtos ao alcance das mãos.* Uma loja pode oferecer os melhores produtos, os mais baratos ou os mais descolados, mas, se o comprador não puder segurá-los ou testá-los, boa parte do seu apelo pode se perder.
- *Homens não fazem perguntas.* Os homens costumam percorrer os corredores da loja mais rápido do que as mulheres. É difícil fazê-los olhar para qualquer coisa além daquilo que foram comprar. Além disso, eles não gostam de perguntar onde estão os produtos – preferem deixar a loja a consultar um vendedor.

Cliente oculto

Uma terceira abordagem de pesquisa comportamental consiste em contratar pessoas para agirem como compradores e relatarem o comportamento dos vendedores nos pontos de venda da empresa e da concorrência. Por exemplo, um banco poderia contratar clientes em sigilo para abrir contas em suas agências e reportar a experiência. É comum as empresas se surpreenderem com a incapacidade de seus funcionários de tratar os clientes de modo adequado.

Lembro-me de ter assumido o papel de cliente em uma loja do Pizza Inn antes de dar uma palestra aos gerentes da empresa. Fiquei abismado com a demora no atendimento, a longa espera até que a pizza chegasse à minha mesa e o péssimo sabor da pizza. Relatei a experiência aos gerentes e medidas imediatas foram tomadas para corrigir a situação.

▶ Use mais técnicas analíticas

Além da coleta de dados brutos, as empresas precisam empregar ferramentas mais sofisticadas para avaliar o comportamento do consumidor. Eis alguns exemplos:

Necessidades do consumidor

As necessidades do consumidor podem ser esquadrinhadas por meio de entrevistas em profundidade, que utilizam técnicas projetivas como associações de palavras, complementação de frases e testes de percepção temática (TATs). Além dessas, alguns pesquisadores utilizam a técnica *laddering*, na qual cada explicação dada pelo consumidor é seguida por outra pergunta de sondagem. Por exemplo, o consumidor pode dizer que comprou um carro da Mercedes por causa da engenharia superior. "Por que isso é importante para você?" "Porque a direção do carro é mais suave." "Por que isso é importante para você?" "Porque gosto de me sentir confortável." "Por que isso é importante para você?" "Porque me sinto importante e mereço o melhor." Assim, passamos de uma explicação simples para um conjunto mais profundo de significados que motivam o consumidor.

Percepções do consumidor

Usando uma técnica chamada *mapeamento perceptual*, o pesquisador consegue mostrar como os consumidores percebem diferentes marcas em relação a um conjunto de atributos. Suponha que se peça aos consumidores que classifiquem marcas de automóveis em duas dimensões: status e confiabilidade. A pesquisa poderia mostrar que o consumidor médio classifica a Jaguar como uma marca de status alto, mas de confiabilidade média; e a Toyota como uma marca de status médio e confiabilidade alta. Ao visualizar todos os carros no espaço do mapeamento perceptivo, é possível concluir quais carros são os concorrentes mais próximos de qualquer marca específica.

Preferências dos consumidores

As empresas podem utilizar uma série de técnicas para avaliar as preferências do consumidor. Entre as abordagens mais simples estão a atribuição de notas e a criação de rankings. Uma abordagem mais sofisticada é a *análise conjugada*, na qual os consumidores classificam suas escolhas entre um conjunto hipotético de conceitos plenamente descritos. Suas escolhas podem ser analisadas para revelar a importância relativa que os consumidores dão a cada atributo, o que orienta a empresa em relação aos conceitos que seriam mais bem-sucedidos no mercado.

Dados sobre consumidores também podem ser analisados por métodos de regressão, discriminação e análise de agrupamentos (*clusters*) a fim de gerar previsões sobre a probabilidade de consumidores reagirem a diferentes estímulos (preço, características, atrativos e assim por diante). A *análise preditiva* é usada por empresas de mala direta para a seleção de clientes em potencial com maior probabilidade de responder de forma positiva a uma oferta.

Pesquisa etnográfica

Grande parte do comportamento do consumidor é condicionada por crenças, normas e valores compartilhados por um grupo social específico, seja adolescentes de classe alta, idosos do interior ou mórmons. As ferramentas da antropologia social lançam luz sobre vários aspectos do comportamento que não são evidenciados pelas pesquisas comuns.

I▶ Crie painéis de clientes e revendedores

Sua empresa pode se beneficiar com o recrutamento de um conjunto de clientes que concordem em ser periodicamente entrevistados sobre novas ideias, produtos e peças de comunicação. Os membros do painel devem estar disponíveis para contatos via e-mail ou telefone, e sua participação pode ser recompensada com produtos ou dinheiro. O painel representa um grupo de discussão permanente escolhido para representar a população-alvo. Também é útil promover painéis com revendedores e fornecedores, cujos pontos de vista são bastante relevantes.

Empresas podem ir além e criar grupos de mensagens nos quais clientes atuais e em potencial possam trocar ideias. Isso tem muito valor para aquelas cujos clientes são grandes fãs – é o caso de empresas como Harley-Davidson e Apple. Esses fãs poderão trocar informações, marcar encontros e ajudar a construir uma comunidade forte em torno da marca. A empresa obterá bons insights ao monitorar as interações. Mas, se seus clientes não tiverem o perfil de entusiasta, a criação desse tipo de espaço não é indicada, pois opiniões ruins sobre a empresa se espalhariam mais rápido.

I▶ Instale um software de gestão de relacionamento (CRM) e faça mineração de dados

As empresas estão reunindo cada vez mais informações sobre histórico de compras, dados demográficos e psicográficos na esperança de compreender melhor cada cliente. As informações sobre o histórico de compras são as mais úteis, pois revelam preferências. Com base em dados de compras anteriores, é possível descobrir, por exemplo, se um cliente tem perfil de comprador inicial de novos produtos eletrônicos, o que o tornaria um bom alvo para o próximo lançamento da empresa. Essas informações ficam guardadas em um *armazém de dados* (*data warehouse*), a partir do qual se retira uma amostra de dados que é repassada para um banco de dados (*data mart*) a fim de ser analisada por *mineradores de dados* (*data miners*). Muitas vezes os mineradores de dados conseguem detectar novos *segmentos* que podem representar uma nova oportunidade para a empresa. Eles também conseguem identificar *tendências* para produtos, características ou serviços que podem servir de alerta para novas ofertas. Outra aplicação da mineração de dados é testar a eficácia da análise preditiva em atingir os melhores clientes em potencial.

3 | Sua empresa precisa definir e monitorar melhor seus concorrentes

> **SINAIS:**
> - Sua empresa se concentra demais nos concorrentes próximos e não percebe os concorrentes distantes e as tecnologias disruptivas.
> - Sua empresa não tem um sistema para coletar e distribuir informações sobre a concorrência.

▶ Você está se concentrando demais no concorrente errado

Normalmente, as empresas acham fácil identificar seus concorrentes.

- O McDonald's apontaria o Burger King e a Wendy's. Se avaliassem de modo mais amplo, incluiria a Taco Bell, a Pizza Hut e o Subway. E, para ser ainda mais abrangente, deveria incluir supermercados que vendem refeições prontas.
- A U.S. Steel citaria a Bethlehem Steel e outras empresas siderúrgicas integradas, e talvez até empresas como a Nucor (fabricante de aço não integrado). No entanto, a verdadeira questão é se a U.S. Steel está prestando atenção suficiente nas incursões feitas pelas indústrias de alumínio e de plástico. Por exemplo, as montadoras de automóveis estão optando por substituir vários componentes de aço de seus carros por materiais plásticos. Quem

chegaria a pensar que a Divisão de Plástico da General Electric competiria com a U.S. Steel?

▌ Você não tem um sistema para organizar as informações sobre a concorrência

Qual é a quantidade de informações de que uma empresa típica dispõe sobre seus concorrentes? Se a Xerox estiver concorrendo com a Sharp por um grande contrato para fornecer mil copiadoras, quanto a Xerox sabe sobre as práticas de licitação da Sharp? Quem na Xerox reúne informações sobre os objetivos, os recursos, as estratégias e as práticas de cada concorrente? Essas informações estão nas mãos de uma firma de *inteligência competitiva* ou os vendedores da Xerox precisarão ir atrás de algum outro colega que teve uma experiência anterior competindo com a Sharp?

> ▌ **SOLUÇÕES:**
>
> - Nomeie um funcionário ou crie um departamento responsável pela inteligência competitiva.
> - Contrate profissionais vindos da concorrência.
> - Fique atento a cada nova tecnologia que possa afetar a sua empresa.
> - Prepare produtos semelhantes aos da concorrência.

▌ Nomeie um funcionário ou crie um departamento responsável pela inteligência competitiva

A criação de um departamento responsável por *coletar* e *disseminar* informações sobre a concorrência é uma estratégia inteligente. Seria como contratar uma espécie de bibliotecário com talento para rastrear notícias sobre a concorrência na internet e desenvolver perfis dos concorrentes. Qualquer funcionário da empresa que precisasse enfrentar um concorrente poderia consultar essa pessoa para obter informações sobre como determinado concorrente pensa e reage.

▶ Contrate profissionais vindos da concorrência

Sua empresa deveria considerar a possibilidade de tentar atrair profissionais de seus maiores concorrentes. O objetivo não seria roubar segredos de outras empresas (isso é ilegal e você seria processado), mas aprender como o concorrente pensa e reage a partir da experiência de seus ex-funcionários.

Eu me lembro de quando a IBM contratou um jovem gerente da Sun Microsystems. Depois de alguns anos, ele foi convocado para uma reunião com a diretoria na qual pediram que ele fingisse ser Scott McNealy, CEO da Sun, e dissesse o que faria em relação à empresa. O jovem ex-funcionário da Sun olhou diretamente para os 13 membros da diretoria da IBM e disparou:

> *A minha empresa, Sun Microsystems, vai enterrar vocês! Vamos ter sucesso porque vocês, da IBM, acham que o futuro está nos computadores de grande porte (mainframes), mas nós achamos que o futuro está em desenvolver redes para conectar esses mainframes. Os mainframes se tornarão meras mercadorias, mas desenvolver redes continuará sendo uma habilidade altamente especializada e com boas margens.*

A diretoria da IBM ficou surpresa com a franqueza do jovem gerente, mas ignorou a mensagem. Logo depois a empresa entrou em um longo período de declínio que só seria superado anos depois, quando seu novo presidente, Lou Gerstner, decidiu que a IBM seria uma "empresa centrada em redes". Se a empresa tivesse dado ouvidos àquele jovem, seus ativos não teriam se prejudicado tanto.

▶ Monitore qualquer nova tecnologia

Para muitas empresas a maior ameaça não é um concorrente existente, e sim uma tecnologia nova e melhor. É o que o professor Clayton Christensen, de Harvard, chama de tecnologia disruptiva.[1] Podemos citar vários exemplos: a máquina de somar mecânica tornou o ábaco obsoleto, e a calculadora eletrônica fez o mesmo com a régua de cálculo. O automóvel substituiu charretes e carruagens. E alguns tipos de cirurgia deixaram de ser realizadas em razão da invenção de medicamentos.

A sua empresa precisa monitorar qualquer tecnologia que possa ameaçar o seu produto principal ou o seu processo de produção. Ou, ainda melhor, você deve encarar essas tecnologias como opções de investimento. Apostando algum dinheiro nessas novas tecnologias, a empresa estará protegendo seu futuro. Nossa máxima é: "Toda empresa deveria canibalizar a si própria antes que outra o faça."

Conta-se que o gerente da Divisão de Válvulas a Vácuo da General Electric entrou no escritório de seu chefe se vangloriando por ter ampliado em 20% o negócio das válvulas. O chefe o demitiu. "Você aumentou o negócio das válvulas porque nossos concorrentes faliram. Isso foi fácil. O que deveria ter feito era nos conduzir ao negócio dos transistores. Você nos manteve no passado quando deveria ter nos preparado para o futuro!"

▶ Prepare produtos semelhantes aos da concorrência

Sua empresa pode ser reconhecida por pertencer a uma faixa de preço específica no mercado. Era assim com a Marriott, que originalmente se posicionava como uma rede de hotéis de faixa média-alta. Mas o que aconteceria se um número crescente de executivos buscasse acomodações menos caras? Essa possibilidade levou a Marriott a projetar um sistema de hotéis denominado Courtyard, destinado a viajantes a negócios que não querem um hotel caro, com restaurante sofisticado e amplas salas de convenções. O sucesso foi imediato. Em seguida, a Marriott reconheceu a necessidade de um sistema de hotéis ainda mais barato para famílias e desenvolveu o Fairfield Inn, outra rede bem-sucedida. E a Marriott não parou por aí: lançou vários conceitos de hotéis, como Residence Inns, Marriott Suites, Marriott Resorts, entre outros. Assim, a Marriott não permaneceu vulnerável a um conceito de posicionamento único, mas se manteve segura com propriedades posicionadas em diversas classes de hospitalidade.

Uma história semelhante pode ser contada sobre a empresa austríaca Swarovski, fabricante de cristais finos. Uma de suas divisões produz cristais de chumbo finos para armações de lustres. Seus cristais são os melhores e custam mais caro. Em dado momento, surgiu um concorrente europeu cobrando 20% menos que a Swarovski e em seguida um concorrente egípcio cobrando 50% menos! O que a empresa deveria fazer? A solução fácil seria diminuir o preço, mas isso significaria uma redução significativa em seus lucros. Uma reação melhor seria recorrer a uma grande campanha de branding para que os clientes de hotéis e residências se mantivessem fiéis ao cristal Swarovski. Uma reação ainda melhor seria mostrar aos produtores de lustres ou donos de hotéis que eles poderiam poupar dinheiro e tempo usando o cristal Swarovski, que não precisa ser limpo com tanta frequência e pode ser montado rapidamente com um processo especial patenteado pela empresa. Mas talvez a melhor reação fosse comprar os dois concorrentes ou criar negócios com outras faixas de preço para que o comprador pudesse escolher entre cristais "bons, melhores ou excepcionais", dependendo de seu orçamento. De novo, se você vai ser canibalizado, seja o primeiro a fazer isso.

Uma empresa deve reconhecer que existem diversos posicionamentos de valor/preço em qualquer mercado. São eles:

- Menos por muito menos (Southwest Airlines).
- O mesmo por menos (Walmart).
- O mesmo pelo mesmo (Tide).

- O mesmo por mais (não recomendado).
- Mais pelo mesmo (Lexus).
- Mais por mais (Mercedes, Häagen-Dazs).

Não estou dizendo que uma empresa precisa ter um produto em cada um dos seis níveis. A Sears acertou ao oferecer rádios em três níveis: "bom, melhor e ótimo".

4 | Sua empresa gerencia mal o relacionamento com os stakeholders

> **SINAIS:**
> - Seus funcionários não estão satisfeitos.
> - Você não atraiu os melhores fornecedores.
> - Você não possui os melhores distribuidores e seus revendedores estão descontentes.
> - Seus investidores não estão satisfeitos.

▶ Seus funcionários não estão satisfeitos

Tom Peters, guru da administração e um dos autores do livro *Vencendo a crise*, alegava ser capaz de entrar em uma empresa e identificar em apenas 15 minutos se os funcionários estavam satisfeitos ou insatisfeitos. Um funcionário insatisfeito pode sabotar uma empresa. Sinais de insatisfação incluem alta rotatividade, descumprimento frequente das políticas internas, forte sectarismo e visões negativas sobre os outros departamentos da empresa.

▶ Seus fornecedores são de segunda linha

A capacidade dos fornecedores de entregar produtos e serviços de qualidade difere muito. Empresas que afirmam entregar produtos de alta qualidade precisam de fornecedores de alta qualidade. No entanto, esses fornecedores não possuem capacidade ilimitada e podem já estar com sua produção totalmente comprometida, o que os impediria de aceitar mais um cliente. Outra situação possível é que estejam limitados a atender apenas um concorrente em cada setor. Nesse caso, sua empresa teria de contratar o segundo melhor fornecedor, e isso pode prejudicar sua alegação de ter a melhor qualidade.

Sua empresa pode optar por trabalhar com fornecedores de segunda linha para reduzir custos. Mas você deve saber que, provavelmente, terá outros custos, mais altos, ao negociar com esse tipo de fornecedor.

▶ Seus distribuidores deixam muito a desejar

Sua empresa contrata distribuidores e revendedores porque eles possuem condições melhores do que as suas para alcançar os seus clientes-alvo. Você espera que eles deem atenção prioritária aos seus produtos, mesmo que também ofereçam produtos de concorrentes. Para isso, porém, é preciso que suas condições sejam vantajosas para os distribuidores. Eles precisam sentir que, vendendo os produtos da sua empresa, ganham tanto ou mais do que vendendo os outros produtos que oferecem.

▶ Seus investidores não estão satisfeitos

A satisfação dos investidores é revelada rapidamente pelo tempo que eles mantêm seus recursos investidos nas ações da sua empresa. A queda do preço das ações e o pagamento de taxas de juros mais altas em empréstimos são maus sinais. Isso aumenta o custo do capital e, portanto, o custo de fazer negócio, o que aponta para lucros menores no futuro.

> **SOLUÇÕES:**
>
> - Abandone a "mentalidade de soma zero" e adote a "mentalidade de soma positiva".
> - Gerencie melhor as relações com os funcionários.
> - Gerencie melhor as relações com os fornecedores.
> - Gerencie melhor as relações com os distribuidores e revendedores.
> - Gerencie melhor as relações com os investidores.

▶ Adote a mentalidade de soma positiva

No passado, os homens de negócios achavam que o tamanho da torta era fixo. Conclusão: eles ganhariam mais se pagassem menos aos parceiros – funcionários, fornecedores, distribuidores. Essa é a mentalidade de soma zero. Hoje existem cada vez mais evidências de que seus resultados econômicos variam de acordo com a forma como você trata seus parceiros. Fred Reichheld, no livro *Princípios da lealdade*, descreve várias empresas de sucesso que são generosas ao recompensar funcionários, fornecedores e distribuidores. Isso gera uma torta maior – sendo maior, portanto, a fatia que vai para a empresa.[1] Assim, sua empresa atrairá funcionários, fornecedores e distribuidores melhores e mais motivados a atuar como uma equipe para superar a concorrência.

▶ Gerencie melhor as relações com os funcionários

Os funcionários trabalham melhor quando são bem selecionados, treinados, motivados e respeitados. Isso não acontece em uma empresa que contrata (e demite) aos montes, fornece pouco ou nenhum treinamento, dá pouca autonomia na tomada de decisões e com frequência critica o trabalho realizado. Funcionários nessas condições podem facilmente se tornar sabotadores internos.

Funcionários não devem ser contratados até que a alta direção defina com clareza quais são os valores, a visão, a missão, o posicionamento e os clientes-alvo da empresa. A partir daí a empresa poderá procurar as pessoas certas, treiná-las de modo adequado e empoderá-las, e assim saberá que elas "vestirão a camisa da empresa".

Empresas inspiradoras chegam a mudar a forma de tratamento – em vez de *funcionários* ou *empregados*, dirigem-se ao seu pessoal como *associados* ou *parceiros*. Na Southwest Airlines, o CEO Herb Kelleher mudou o nome do Departamento de Recursos Humanos para Departamento das Pessoas.

Respeitar os funcionários e tratá-los como pessoas criativas e responsáveis é um novo paradigma para as empresas. Organizações inteligentes adotam uma perspectiva de *marketing interno* segundo a qual reconhecem as diferentes necessidades e a individualidade de seus funcionários de modo a melhor atendê-los e satisfazê-los. Eu me lembro de um hospital que tinha uma taxa de rotatividade elevada entre os enfermeiros porque impunha os mesmos horários para todos os profissionais, quer fossem solteiros, casados ou tivessem filhos. Somente quando uma nova gestora assumiu e instituiu horários flexíveis e melhores condições de trabalho o hospital começou a atrair e reter uma equipe de enfermagem competente e satisfeita.

▮ Gerencie melhor as relações com os fornecedores

Uma vez que os fornecedores apresentam qualidade e desempenho variados, uma empresa deve buscar os melhores e recompensá-los o suficiente para estimular sua dedicação.

As empresas vêm reduzindo o número de fornecedores. A velha prática de manter três por categoria – com uma divisão de 60% do negócio para o fornecedor principal, 30% para o segundo e 10% para o terceiro – a fim de manter todos competindo entre si está dando lugar à escolha de um fornecedor único e de excelência por categoria. A indústria automobilística já assumiu essa prática, contratando uma empresa para fornecer os assentos, outra para o sistema de freio, uma terceira para o sistema de ar-condicionado e assim por diante. A empresa e seus parceiros fornecedores investem juntos e agem como uma equipe vitoriosa no desenvolvimento e na fabricação dos carros. Esse nível de parceria aumenta a qualidade, a produtividade e o poder de inovação de uma empresa, ao mesmo tempo que reduz os custos.

❶ Gerencie melhor as relações com os distribuidores e revendedores

Sua empresa precisa identificar e atrair os melhores distribuidores (atacadistas, revendedores, representantes e varejistas), pois a qualidade deles será decisiva para sua capacidade de alcançar e satisfazer os usuários finais. O segredo está em fazer os distribuidores valorizarem o relacionamento com a sua empresa e, assim, levá-los a realizar um esforço especial a seu favor. Tudo isso depende das condições de negócio estabelecidas entre as partes.

A Caterpillar, líder mundial de equipamentos de terraplanagem, mantém um relacionamento extraordinário com seus revendedores:

Revendedores locais com presença forte em suas comunidades podem se aproximar mais dos clientes do que uma empresa global seria capaz de fazer por conta própria. Mas, para aproveitar o pleno potencial desses revendedores, a organização precisa criar laços estreitos com eles e integrá-los em seus sistemas de negócios. Quando tratados dessa forma, os revendedores podem se tornar fontes de informações e de inteligência de mercado, agindo como representantes dos clientes, consultores e solucionadores de problemas. De fato, nossos revendedores desempenham um papel fundamental em quase todos os aspectos de nosso negócio, inclusive o desenvolvi-

mento e a entrega de produtos, a manutenção e o suporte de campo, e a gestão de estoques de peças de reposição. Os revendedores podem ser bem mais do que um canal para alcançar os clientes.[2]

A gerência sênior da Caterpillar vê seus revendedores como sua maior vantagem competitiva e evita tudo que possa prejudicar essa relação de parceria.

Além de contratar os melhores distribuidores, uma empresa precisa manter com eles um relacionamento de aprendizado contínuo. O acesso deles a uma extranet pode servir a diversos propósitos, como informar os distribuidores sobre novas ideias e o desenvolvimento de produtos, e facilitar o envio de pedidos, as entregas e o ciclo de pagamento.

5 | Sua empresa não é boa em identificar oportunidades

> **SINAIS:**
> - Sua empresa não identificou nenhuma grande oportunidade nos últimos anos.
> - A maioria das novas ideias de sua empresa fracassou.

▶ Sua empresa não teve sucesso em identificar oportunidades

Uma pergunta interessante para a sua companhia é: "Quantos produtos e serviços novos foram lançados nos últimos cinco anos?" Cada uma dará uma resposta diferente. A 3M Company listaria muitos produtos novos. Na verdade, é uma política da empresa que 30% da receita atual seja obtida de produtos lançados nos últimos cinco anos.

Por outro lado, grandes organizações como a Coca-Cola e a Procter & Gamble (P&G) respondem de forma menos otimista. No caso da Coca-Cola, as novas bebidas de maior êxito – sucos de frutas, energéticos e água engarrafada – foram lançadas primeiro por concorrentes. Na melhor hipótese, a Coca-Cola os imitou e em alguns casos cresceu por meio da compra dos rivais.

A grande P&G não pode se vangloriar de ter lançado muitos produtos novos de sucesso nos últimos cinco anos por esforços próprios de pesquisa e desenvolvimento (P&D). Para compensar, a companhia iniciou uma onda de aquisições em setores variados, como cosméticos, artigos de higiene pessoal e alimentos, o que sustentou seu crescimento.

A falta de inovação aponta tanto para uma empresa incapaz de identificar e pesquisar novas oportunidades de forma sistemática quanto para uma que investe em muitas oportunidades mas obtém resultados decepcionantes.

▐▶ A maioria das iniciativas fracassou

Boas oportunidades podem ser arruinadas por uma gestão incompetente do processo de desenvolvimento de novos produtos. De algum modo, ou a empresa permite que se invista em oportunidades ruins ou arruína boas oportunidades em algum estágio do processo, como desenvolvimento do conceito, teste do conceito, desenvolvimento do protótipo, teste do protótipo, planejamento de negócios e de marketing, teste de mercado ou lançamento do produto.

> ▶ **SOLUÇÕES:**
>
> - Crie um sistema para estimular o fluxo de novas ideias de seus parceiros.
> - Utilize sistemas de criatividade para gerar novas ideias.

▐▶ Crie um sistema para estimular o fluxo de novas ideias de seus parceiros

Algumas empresas não acreditam que possa haver novas oportunidades. Alegam que seu setor está maduro ou que vendem commodities. Só que não existe algo como um mercado maduro ou uma commodity. O problema é que suas crenças estão bloqueando sua imaginação. A Starbucks não viu o mercado do café como maduro.

Nenhuma empresa precisa ficar sem novas ideias. Em primeiro lugar, os funcionários provavelmente possuem muitas ideias de melhorias. Em geral, apenas lhes faltam saber para onde enviá-las e motivação para fazê-lo. Em segundo, também é provável que fornecedores, distribuidores, agências de publicidade e outros parceiros possam fazer sugestões. Em terceiro, existem meios sistemáticos de ajudar os funcionários a gerar ideias.

Em um excelente artigo intitulado "Bringing Silicon Valley Inside Your Company" (Traga o Vale do Silício para dentro da sua empresa), Gary Hamel apresenta uma receita para gerar novas ideias de sucesso.[1] O Vale do Silício, segundo ele, gerou vários empreendimentos de sucesso porque foi o local de três mercados: um *mercado de ideias*, um *mercado de capitais* e um *mercado de talentos*. Muitas pessoas criativas e empreendedoras se dirigiram para a região com ideias novas, em especial para abrir empresas pontocom. Havia uma abundância de empresas de capital de risco dispostas a financiar projetos inovadores. E assim o Vale do Silício atraiu muita gente talentosa e capaz de codificar softwares e implementar ideias.

A conclusão é que as organizações precisam reproduzir o ambiente do Vale do Silício dentro de sua estrutura. A empresa deve valorizar ideias novas e facilitar sua coleta e avaliação. As melhores ideias contariam com um financiamento interno a fim de viabilizar a pesquisa e o desenvolvimento. Então elas seriam destinadas aos talentos certos para desenvolvê-las e lançá-las.

Para gerir o fluxo de ideias, a empresa deve indicar um executivo sênior, que será o Líder de Ideias e chefiará um Comitê de Ideias com representantes de cada departamento. Todos na organização, bem como nas empresas parceiras, devem ter os contatos dos integrantes do comitê e ser encorajados a enviar suas ideias. O Comitê de Ideias se reuniria a intervalos de algumas semanas para examinar e avaliar as sugestões, classificando-as em três grupos: fracas, boas e potencialmente ótimas. Estas últimas seriam encaminhadas a diferentes membros do comitê para serem avaliadas. Se o parecer fosse positivo, a ideia ganharia recursos para pesquisa e desenvolvimento. Aquelas que continuassem parecendo fortes seriam levadas para novos estágios até serem abandonadas ou lançadas.

Todos os participantes seriam informados sobre o destino das sugestões enviadas. Isso deixaria claro o interesse do comitê no processo. Os proponentes das ideias que fossem implementadas com êxito seriam recompensados, seja com dinheiro, dias de folga ou outros prêmios tangíveis. A Kodak, por exemplo, paga 10 mil dólares por ano aos funcionários que contribuíram com ideias que permitiram ganhar ou poupar mais dinheiro. Outras empresas oferecem 10% da economia ou do lucro adicional à pessoa ou ao grupo proponente.

▶ Utilize sistemas de criatividade para gerar novas ideias

Muitas das melhores ideias virão a partir da observação de grandes mudanças no ambiente de mercado, que é composto pelos elementos PESTA – políticos, econômicos, sociais, tecnológicos e ambientais. Vejamos algumas ideias resultantes da observação de tendências em cada componente:

- *Político:* Uma empresa observa a dificuldade de realizar eleições confiáveis com cédulas de papel e inventa uma máquina de votação eletrônica com sistema antifraude.
- *Econômico:* Uma empresa constata que as diárias de hotéis em Tóquio são muito altas e inventa um hotel que aluga beliches, não quartos, a preço baixo.
- *Social:* Uma empresa percebe que solteiros enfrentam dificuldades para conhecer pessoas novas e inventa um serviço de encontros pela internet.
- *Tecnológico:* Uma empresa inventa um tablet para gerentes es-

creverem à mão e terem suas anotações digitalizadas, em vez de usarem um teclado.
- *Ambiental:* Uma empresa combate o alto custo da energia construindo moinhos para gerar eletricidade.

Empresas também podem usar técnicas de criatividade individuais ou de grupo para estimular novas ideias. As técnicas de grupo incluem brainstorming e sinética, entre outras.[2]

A maioria das empresas busca novas ideias partindo do produto atual, o que leva à criação de variações dele. Por exemplo, uma fabricante de cereais matinais pensa em acrescentar passas, nozes, mais ou menos açúcar, ou utilizar trigo, aveia ou cevada, ou mudar o tamanho da embalagem ou o nome da marca, e assim por diante. O resultado é o acréscimo de extensões de linha ou de marca às gôndolas no supermercado. Os concorrentes fazem o mesmo, e a seção de cereais fica maior, porém não mais lucrativa. Cada variante do produto atrai um número cada vez menor de clientes que abandonam as marcas mais vendidas, e assim os produtos novos ganham pouco e os produtos antigos, menos.

Chamamos isso de *marketing vertical*, e as técnicas são muitas:

- Modulação
  - O fabricante de *suco* varia o teor de açúcar, a concentração de fruta, a adição ou não de vitaminas...
- Tamanho
  - *Batatas fritas* são oferecidas em embalagens de 35 gramas, 50 gramas, 75 gramas, 125 gramas, 200 gramas, conjunto com vários pacotes...
- Embalagem
  - Os *chocolates Red Box da Nestlé* vêm em diferentes embalagens: caixa de papelão comum para venda avulsa nos supermercados, caixa de metal especial para venda como presente...

- Design
  - A *BMW* desenha carros com diferentes estilos e características...
- Complementos
  - *Biscoitos* com cobertura açucarada, com canela, com chocolate, com chocolate branco, com chocolate meio amargo, recheados...
- Redução do esforço
  - A *Charles Schwab* oferece diferentes canais para transações, como lojas físicas, telefone, lojas virtuais na internet...

O principal problema do marketing vertical é que ele leva a um mercado hiperfragmentado no qual poucos produtos conseguem alcançar o volume necessário para gerar lucros altos.

As empresas precisam utilizar um processo alternativo de geração de ideias que chamamos de *marketing lateral*.³ Trata-se de pensar no seu produto em relação a outro produto, serviço ou ideia. Assim, você vai pensar *através de dois* produtos em vez de *apenas um* produto. Por exemplo, quando uma empresa de cereais matinais pensou em cereais + lanche em vez de oferecer cereais soltos em uma caixa, criou uma barra de cereais que pode ser carregada e consumida em qualquer momento. De repente as pessoas passaram a poder consumir cereais a qualquer hora, de uma forma conveniente.

Aqui estão outras inovações do marketing oriundas do pensamento lateral:

Posto de gasolina + mercadinho = loja de conveniência
Café + computadores = cibercafé
Doce + brinquedo = Kinder Ovo
Boneca + adolescente = Barbie
Áudio + portabilidade = Walkman
Doação + adoção = Campanha "Seja o padrinho de uma criança"
Flores + durabilidade = flores artificiais

O conceito de marketing lateral tem o grande potencial de criar novas categorias de produtos, novos mercados ou novos mixes de marketing. Trata-se de um modelo fundamental por causa das limitações causadas pela variação continuada do mesmo produto. Na verdade, as empresas precisam dominar os dois processos – marketing vertical e lateral – para ter sucesso em inovação.

6 | O processo de planejamento de marketing de sua empresa é deficiente

> **SINAIS:**
> - Seu plano de marketing não possui lógica nem os componentes corretos.
> - Seu plano não tem métodos para simular as implicações financeiras de estratégias alternativas.
> - Sua empresa não tem um plano de contingência.

▶ Seu plano de marketing não tem lógica nem determinados componentes

Basta pedir a uma empresa alguns de seus planos de marketing recentes para avaliar a qualidade do planejamento. Planos de marketing costumam apresentar vários números, orçamentos e anúncios. Só que procurar por uma declaração de objetivos, estratégia e táticas claras e convincentes pode ser em vão. Ainda que os objetivos estejam claros, pode faltar uma estratégia convincente. E as táticas podem estar descritas, mas totalmente desvinculadas da estratégia.

Solicite à empresa o plano de marketing do ano passado e o deste ano feitos para o mesmo produto. Aposto que a estratégia e a tática serão as mesmas – ou seja, os planos serão quase iguais. Não há novas ideias. O planejador buscou a segurança ao repetir o plano anterior. Ignorou as novas condições de mercado, o fato de que é necessário ter uma estratégia nova e que a eficácia das diferentes ferramentas de marketing deve ter sofrido mudanças.

▶ Seu plano não permite simulação financeira

O software de planejamento pode não permitir a simulação do impacto de estratégias alternativas. Não basta descrever duas estratégias e estimar os resultados de vendas e lucros de cada uma. O plano precisa incorporar funções de reação de vendas e funções de custo capazes de estimar os resultados de qualquer combinação de mudanças nas características do produto, no preço, na propaganda, na promoção de vendas e no tamanho da equipe de vendas.

▶ Seu plano não leva em conta contingências

Todo plano se baseia em um conjunto de pressupostos sobre o ambiente de mercado, o comportamento competitivo e os custos. Seu plano visualiza alguns cenários alternativos e estabelece qual seria sua reação? E se de repente a economia mergulhasse em uma recessão, o seu plano prevê quais seriam as medidas necessárias?

> ### ▶ SOLUÇÕES:
> - Estabeleça um formato de plano padrão que inclua análise da situação atual, SWOT, problemas principais, objetivos, estratégia, táticas, orçamentos e controles.
> - Peça aos profissionais de marketing que prevejam mudanças em caso de um orçamento 20% maior ou 20% menor.
> - Promova um programa anual de prêmios para recompensar os melhores planos de marketing e o melhor desempenho.

▶ Estabeleça uma sequência clara dos componentes do plano

Um plano de marketing deve combinar os seguintes componentes: análise da situação atual, SWOT (acrônimo em inglês para *strengths, weaknesses, opportunities, threats*; ou forças, fraquezas, oportunidades, ameaças), problemas principais, objetivos, estratégia, táticas, orçamentos e controles. Certifique-se de que cada estágio se relacione com o anterior. A análise da situação atual leva à identificação das principais forças, fraquezas, oportunidades e ameaças da empresa. Isso leva à definição dos objetivos certos. Uma estratégia é formulada para alcançar esses objetivos, e táticas são elencadas para detalhar a estratégia. As táticas possuem custos que resultam na formulação de orçamento. Controles são criados para verificar se o plano está atingindo os objetivos ou se é necessário fazer algum ajuste ao longo do percurso.

▶ Peça aos gerentes que preparem orçamentos flexíveis

A diretoria costuma fixar *metas de crescimento* para os gerentes intermediários (por exemplo, "Aumente seu negócio em 10% este ano"). Não surpreende, então, que o gerente peça um aumento de 10% em seu orçamento. Mas a diretoria pode negar o pedido e exigir que seus gerentes aumentem suas vendas em 10% sem que haja qualquer aumento em seus orçamentos.

Um sistema melhor seria o *orçamento flexível*. A diretoria deve perguntar aos gerentes o que eles conseguiriam obter com (digamos) 20% a mais para investir. Cada gerente teria de descrever como usaria a verba extra e qual seria o impacto disso nas vendas e nos lucros. Obviamente, aqueles gerentes que forem convincentes ao afirmar serem capazes de obter um retorno acima de 20% nas vendas e nos lucros devem receber um orçamento 20% maior.

A diretoria deve pedir aos mesmos gerentes que estimem o que aconteceria com as vendas se a empresa fosse forçada a reduzir seu orçamento em 20%. Alguns gerentes entrarão em pânico, alegando que suas vendas desabariam. Outros preveriam uma queda modesta das vendas.

Essas informações podem ser usadas para realocar os recursos da empresa para os gerentes que acreditam poder aproveitar melhor o recurso extra. E o orçamento deve ser menos reduzido para aqueles que acham que cortes orçamentários prejudicariam mais suas vendas.

A utilidade prática do orçamento flexível depende da credibilidade das estimativas fornecidas pelos gerentes. Inicialmente, os gerentes podem exagerar o que obteriam com um orçamento maior ou perderiam com um orçamento menor. Mas, como terão de prestar contas dos resultados, o uso repetido desse sistema deixará claro quais gerentes conseguem prever com competência os resultados e quais não são confiáveis.

▌ Celebre os melhores planos no fim do ano

Cada departamento da empresa deve celebrar seus heróis. Aqueles que são um exemplo do pensamento vencedor em sua área de competência precisam ser reconhecidos. A cada ano o departamento de marketing deve celebrar os grupos que desenvolveram os melhores planos de marketing, avaliados segundo a excelência de suas ideias e o maior sucesso no mercado. Organizações como a Becton-Dickenson, a DuPont e outras homenageiam suas equipes vitoriosas de planejamento de marketing anualmente. Não apenas as equipes se sentem orgulhosas e recebem dias de folga ou dinheiro extras, mas os planos vitoriosos também são distribuídos aos outros gerentes de marketing, fixando assim padrões mais elevados para o planejamento e a implementação do marketing.

7 | As políticas de produtos e serviços de sua empresa precisam de ajustes

> **SINAIS:**
> - A empresa possui produtos em excesso e muitos estão dando prejuízo.
> - A empresa está oferecendo muitos serviços de graça.
> - A empresa é fraca na venda cruzada de seus produtos e serviços.

▷ Produtos em excesso não dão lucro

Grandes empresas estão descobrindo que uma pequena parcela de seus produtos é responsável pela maior parte dos lucros. O problema começa no fato de ser relativamente fácil lançar novas marcas ou extensões de linhas e de marca. As companhias podem lançar produtos criando diferentes tamanhos de embalagem, ingredientes ou sabores, e fazem isso a pretexto de conseguir mais espaço de prateleira ou satisfazer uma variedade maior de preferências dos consumidores. Elas criam produtos mais rápido do que os eliminam e, com isso, o mix cresce e passa a conter muitos itens que não são lucrativos. Quando a empresa enfim acorda, já em um quadro desesperador, elimina uma série de itens para reduzir sua linha de produtos e aumentar a lucratividade. Mas as forças da proliferação de produtos acabam voltando.

▶ Serviços em demasia são oferecidos de graça

Tradicionalmente, as empresas dão mais importância aos produtos em si do que aos serviços que giram em torno deles. Para obter pedidos, os vendedores prometem uma série de serviços: entrega grátis, instalação grátis, treinamento grátis – mesmo que todos esses serviços tenham um custo. Serviços oferecidos de forma gratuita criam dois problemas. Primeiro, os clientes tendem a não valorizá-los, mesmo quando os aceitam. Segundo, alguns desses serviços poderiam fornecer um fluxo de receitas à parte que se perde quando são oferecidos sem custo para o cliente. O desafio está em decidir quais serviços deveriam ser gratuitos e quais deveriam ser cobrados, e quanto cobrar.

▶ Poucas vendas cruzadas (*cross-selling*)

Empresas que vendem um conjunto variado de produtos e serviços muitas vezes falham em vender outros artigos além daquele pedido pelo cliente. Assim, o comprador que adquire um carro em uma concessionária acaba indo a outro local fazer o seguro e obter um empréstimo. O cliente que compra um terno pode não ser direcionado pelo vendedor para os setores de camisas, gravatas e sapatos, que complementam o terno. O cliente que abre uma conta-corrente pode não ser informado sobre os outros produtos financeiros do banco, como caderneta de poupança e financiamento estudantil ou imobiliário.

> **SOLUÇÕES:**
>
> - A empresa precisa criar um sistema para rastrear produtos de fraco desempenho e ajustá-los ou eliminá-los.
> - A empresa deve oferecer e cobrar por serviços em diferentes níveis.
> - A empresa deve melhorar seus processos de vendas cruzadas e *upselling*.

▶ Crie um sistema de monitoramento e avaliação de produtos

Há muitos anos, propus a implementação de um sistema de monitoramento e avaliação de produtos que permitisse às empresas distinguir seus produtos mais fortes dos mais fracos, fazendo com que a tomada de decisões sobre a eliminação de itens fosse bem fundamentada.[1] Hoje, diante da explosão de variantes de produtos e do prejuízo que muitos deles causam, as empresas precisam mais do que nunca de um sistema como esse.

Em 1999, a Unilever descobriu que 50 de suas 1.600 marcas, ou 3%, representavam 63% de sua receita.[2] A companhia passou a identificar as suas 400 marcas mais fortes, chamando-as de *core brands* ou *power brands*. Essas eram as grandes geradoras atuais de receitas e tinham potencial para atrair ainda mais vendas e lucros se recebessem mais recursos. Essas marcas – como Knorr, Dove, Lipton, Hellman's – poderiam suportar mais extensões da linha, de marca, de canal e geográficas. As outras 1.200 marcas seriam reduzidas via venda, extinção ou fusão. O resultado das medidas seria um portfólio menor de marcas, porém com maior lucro para a Unilever. Essa redefinição de foco nas *power brands* também vem sendo feita na P&G, na Nestlé, na Heinz e em diversas outras empresas.

▶ Decida quais serviços serão cobrados e quais serão gratuitos

Em relação ao mix de serviços de uma empresa (instalação, treinamento, entrega), duas situações devem ser evitadas. A primeira é quando são oferecidos serviços gratuitos que os clientes aceitam mas não valorizam ou não utilizam. Isso significa que a empresa está desperdiçando dinheiro em serviços que não agregam valor. A segunda é quando são oferecidos produtos gratuitos pelos quais os clientes estariam dispostos a pagar. Uma solução seria a empresa estabelecer diferentes segmentos de clientes, de modo que alguns pagassem pelo serviço e outros o obtivessem de forma gratuita.

▶ Melhore os processos de vendas cruzadas (*cross-selling*) e *upselling*

Alguns vendedores resistem a mencionar aos clientes outros produtos da empresa por uma série de razões. Eles podem estar satisfeitos por conseguir vender seu produto e não querem parecer insistentes. Pode ser que ganhem pouca ou nenhuma comissão sobre os demais itens. Ou podem achar que os outros produtos não têm qualidade suficiente para satisfazer o cliente.

O mesmo acontece no âmbito das profissões. Um contador pode não recomendar que seu cliente utilize o serviço de consultoria de gestão do escritório de contabilidade por não querer arriscar que seu cliente receba um serviço ruim desse outro grupo de funcionários. Alguns advogados não recomendarão outros serviços legais do próprio escritório se não tiverem uma boa opinião sobre seus colegas advogados e não forem recompensados.

Um atendente de loja de departamentos que vende uma camisa a um cliente pode não se sentir motivado a sugerir outros produtos se o seu salário for fixo. O cliente pediu uma camisa. Para que se esforçar mais?

Obviamente, uma empresa com uma série de produtos precisa fornecer treinamento e incentivos para encorajar seu pessoal a promover outros itens que possam interessar ao cliente.

Quanto ao *upselling*, essa estratégia tem dois significados. O primeiro é induzir o cliente a comprar uma versão mais cara do produto pelo qual se interessou. O cliente quer uma câmera digital simples e acaba comprando uma mais sofisticada de 999 dólares. O outro significado é abordar o comprador alguns anos depois da compra e sugerir a troca do produto antigo por outro novo, de qualidade superior, quem sabe com desconto na troca.

8 | As habilidades de construção de marca e comunicação de sua empresa são ineficazes

> **SINAIS:**
> - Seu público-alvo não conhece muito sua empresa.
> - Sua marca não é percebida como diferenciada e superior às outras marcas.
> - Sua empresa destina praticamente o mesmo volume de recursos às mesmas ferramentas de marketing todos os anos.
> - Você faz poucas avaliações do impacto do ROI nas diferentes campanhas promocionais.

▶ Seu público-alvo não conhece sua empresa

Uma empresa pode avaliar com facilidade se suas ações de comunicação estão surtindo efeito ao fazer pesquisas com o público-alvo sobre o seu conhecimento da empresa e suas atitudes em relação a ela. O pior resultado é quando se gastam enormes somas de dinheiro para divulgar a marca e os produtos, mas um grande número de clientes-alvo nunca ouviu falar da empresa ou sabe muito pouco além do nome ou de sua área de atuação. Um resultado não tão ruim, mas ainda preocupante, é quando os clientes-alvo sabem menos do que precisam saber ou assimilaram ideias equivocadas sobre a empresa.

▶ Sua marca se parece com todas as outras

Mesmo quando uma empresa constata que seus clientes têm um conhecimento razoável de suas ofertas, pode descobrir que eles não veem grande diferença entre os produtos dela e os da concorrência. Pergunte aos clientes: "Se todas as marcas tivessem o mesmo preço, qual você compraria?" Se a resposta for "Qualquer uma" ou "Não tenho preferência", o quadro não é nada bom. O mesmo vale se você pedir "Descreva o que você considera o diferencial de cada marca" e eles não conseguirem apontar nenhuma diferença.

▶ Os recursos para promoção são praticamente iguais todos os anos

Quando examinamos o orçamento para a área de comunicação e suas principais ferramentas – publicidade, promoção de vendas, relações públicas, mala direta e e-mail marketing –, é provável que se verifique que a distribuição de recursos se manteve na mesma proporção ao longo dos anos. Uma das explicações é que a destinação original de recursos levou à criação de equipes, relacionamentos e expectativas que tendem a se manter constantes. No entanto, sabemos que a produtividade de diferentes veículos e canais de comunicação muda com o tempo. Se a empresa não fizer os ajustes necessários ao longo dos anos, a produtividade do marketing tende a declinar.

▶ Você não avalia o impacto financeiro dos investimentos

Os profissionais de marketing tendem a pensar em termos de resultados de vendas em vez de lucro. Eles hesitam até ao arriscar uma estimativa de vendas relacionada a uma despesa de marketing, o que acaba gerando uma faixa aproximada em vez de um número preciso. E estimar o impacto sobre o lucro envolve um conhecimento mais profundo de finanças que os profissionais de marketing, em geral, não possuem.

Uma explicação é que o marketing tende a atrair gente que gosta de lidar com o mundo das pessoas, não tanto com números. Aqueles com maior afinidade com números provavelmente acabarão atraídos pelas áreas de finanças ou contabilidade. Outro problema é que fazer projeções financeiras para despesas de marketing é mais difícil do que para bens de capital ou outros gastos.

> **SOLUÇÕES:**
>
> - Melhore suas estratégias de construção de marca e a medição de resultados.
> - Direcione investimentos para as ferramentas de marketing que mostrem eficácia crescente.
> - Desenvolva uma mentalidade financeira nos profissionais de marketing e exija que estimem o impacto do ROI antes da solicitação de gastos.

▎ **Melhore as estratégias de construção de marca e meça o impacto sobre o valor de marca (*brand equity*)**

Toda empresa quer desenvolver marcas fortes. A Interbrand Corporation utiliza um método de avaliação do valor de marca que a levou a estimar que a marca Coca-Cola, sem levar em conta os ativos físicos da empresa, valia 70 bilhões de dólares em 2003.[1] Em seguida, vinham as outras nove marcas líderes globais: Microsoft (US$ 65 bilhões), IBM (US$ 52 bilhões), GE (US$ 42 bilhões), Intel (US$ 31 bilhões), Nokia (US$ 29 bilhões), Disney (US$ 28 bilhões), McDonald's (US$ 25 bilhões), Marlboro (US$ 22 bilhões) e Mercedes (US$ 21 bilhões).

Embora a Interbrand explique como é feita sua estimativa, o professor Tim Ambler e outros questionam as metodologias de avaliação do valor de marca.² Só é possível determinar de fato o valor de uma marca quando surgem compradores dispostos a adquiri-la. E haverá grande variação nas propostas feitas pelos interessados. E, mesmo depois de concretizada a compra da marca, ainda pode haver quem diga que o comprador pagou (digamos) quatro vezes o valor contábil, como se isso refletisse o valor da marca em si.

Em vez de atribuir um valor monetário à marca, Ambler defende que seria melhor monitorar indicadores selecionados que acompanhariam o valor de marca. Se a marca consegue um ágio maior do que no ano anterior, é um bom sinal. Se a participação de mercado da marca aumenta, é um bom sinal. Se os clientes-alvo declaram que comprar e usar a marca tem mais valor do que fazê-lo com as concorrentes, também é um bom sinal. Cada empresa precisa determinar quais indicadores de mercado refletem o aumento ou a redução no valor de marca.

E como as empresas podem fortalecer seu valor de marca? Boa parte dos profissionais de marketing acredita que a solução está na propaganda. Afinal, sua função é aumentar a percepção (*awareness*), o conhecimento, o interesse e, espera-se, a preferência pela marca. Mas a marca é construída por várias ferramentas de comunicação, assim como pela qualidade do produto, pela embalagem, pela confiabilidade da entrega, pelo faturamento e por muitos outros fatores. E entre as ferramentas de comunicação que criam a imagem da marca – positiva ou negativa – estão vendedores, feiras e exposições, projetos de responsabilidade social e especialmente propaganda boca a boca de clientes, concorrentes e formadores de opinião.

Em muitos casos, a propaganda desempenhou um papel bem pequeno no sucesso das empresas: no início, o McDonald's contava muito mais com relações públicas, e a Starbucks e o Walmart cresceram graças à propaganda boca a boca.

O fato é que uma marca evoca um conjunto de expectativas. O valor de marca resulta de quão bem essas expectativas são satisfeitas.

Quanto maior a satisfação e maior o valor percebido do produto, maior o valor de marca.

▶ Direcione investimentos para as ferramentas de marketing mais eficazes

A relação entre custo e eficácia das ferramentas de marketing muda com o tempo. Quando os comerciais de televisão surgiram, foram considerados mais eficazes do que os spots de rádio para muitas classes de produtos. Os comerciais de TV foram extremamente eficazes da década de 1960 até meados da década de 1980. No entanto, em 2002 Al e Laura Ries publicaram *A queda da propaganda*.[3] Para os autores, os profissionais de marketing deveriam direcionar mais recursos para ações de relações públicas.

Também observamos que o telemarketing não parou de crescer na década de 1990 e no início da década de 2000, indicando uma eficácia progressiva. Mas em julho de 2003 o governo dos Estados Unidos decidiu aprovar uma lei que garantiu aos consumidores o direito de não receberem chamadas e estabeleceu uma multa de 11 mil dólares por chamada que seria aplicada às empresas de telemarketing que não respeitassem a opção do consumidor.

Uma vez que a relação custo-benefício das ferramentas de marketing muda com o tempo, por que tantas empresas insistem em destinar sempre os mesmos recursos a elas? Seria preguiça, descrença ou incompetência? Isso é claramente um desperdício.

Examinemos as mudanças na eficácia de algumas importantes ferramentas de marketing.

Propaganda

"Metade do que gasto com propaganda é desperdiçada, mas não sei qual metade", dizia John Wanamaker. Esse princípio continua válido, sobretudo em relação à propaganda de massa. Será que a

Coca-Cola precisa mesmo publicar outro anúncio mostrando sua garrafa na quarta capa de uma revista, ao custo de 80 mil dólares, quando a maioria das pessoas já conhece o refrigerante e provavelmente nem vai prestar atenção no anúncio? E se prestassem atenção? O anúncio não apresenta nenhuma informação nova e nenhum benefício. E será que as mulheres se lembram de um comercial de 30 segundos de um novo hidratante espremido entre cinco outros comerciais igualmente rápidos?

A maioria das empresas gasta dinheiro assim porque fez isso no passado e considera muito arriscado agir de modo diferente. Elas veem esses anúncios caros como uma espécie de garantia de que a empresa será lembrada, mesmo que não tenham nada de novo a dizer e nenhuma forma nova de dizê-lo. A pergunta real que as empresas deveriam fazer é se essa mesma quantidade de dinheiro traria mais resultados se fosse investida na melhoria da qualidade do produto, do serviço ao cliente ou da logística. É importante lembrar que a propaganda é um custo que os clientes bancam, e talvez muitos deles preferissem preços menores. Levando em conta que cada automóvel da General Motors consome em média 3 mil dólares em custo de propaganda, quantos carros a mais a GM poderia vender se reduzisse o preço na mesma proporção?

Algumas campanhas publicitárias de fato são eficazes e aumentam as vendas da empresa. As pessoas não estariam tão empolgadas em pagar pela vodca Absolut um preço maior do que pela Smirnoff se não fosse pela sua brilhante campanha publicitária. Mas quantas campanhas publicitárias são brilhantes? A maioria é, na melhor hipótese, mediana. Na verdade, alguns anúncios nem sequer transmitem a mensagem de forma clara.

Então por que tantas campanhas são apenas medianas? Se você perguntar à agência de publicidade, ela culpará o gerente da marca que, para evitar riscos, prefere o anúncio seguro a um mais ousado. E se você perguntar ao gerente da marca, ele alegará que a agência não apresentou nenhuma ideia genial.

Meu conselho aos gerentes de marca é que peçam à sua agência três ideias diferentes para cada campanha: uma conservadora, uma moderada e uma ousada. Uma solução ainda melhor seria a empresa não pedir campanhas criativas a uma só agência, mas contratar várias e permitir que concorressem pela entrega de uma ótima ideia de anúncio.

Anúncios funcionam melhor quando são publicados na mídia consumida pelo público-alvo. Identifique as revistas lidas por pescadores, entusiastas por motocicletas, artesãos, engenheiros mecânicos – e anuncie produtos de interesse para eles; aí, sim, os anúncios serão lidos. Os anúncios que incluem cartões de resposta para os leitores obterem mais informações ou fazerem pedidos tornam mais fácil a medição do retorno sobre investimento.

Medir o impacto financeiro da propaganda é mais fácil com campanhas de marketing direto, pois o anunciante consegue rastrear o número de pedidos resultantes de uma campanha específica que tem um determinado custo.

Promoção de vendas

A maioria das campanhas de promoção de vendas não dá lucro! Um estudo amplo de campanhas de promoção de vendas concluiu que só 17% delas foram lucrativas. A campanha menos lucrativa é aquela em que apenas os clientes atuais acabam comprando o produto, ou seja, nenhum consumidor novo testa o produto. Isso é o mesmo que dar aos clientes atuais um subsídio que os faz comprar mais unidades no período vigente da promoção e menos unidades no período seguinte.

O segundo pior caso é quando a promoção de vendas atrai alguns novos consumidores, mas só aqueles que compram pelo preço e nunca se tornam fiéis às marcas. A empresa atrai vendas adicionais, mas apenas naquele período.

A melhor promoção de vendas acontece quando a campanha atrai muitos consumidores novos que, ao usarem o produto, consideram a marca superior e a adotam como sua preferida. Isso só acontece quando a marca é de fato melhor que as outras mas, por algum motivo, era pouco conhecida pelos consumidores. Nesse caso, é recomendável distribuir amostras, e não apenas depender da promoção de vendas como estímulo.

Não raro, promoções de vendas são desenvolvidas por gerentes de marca com pouca experiência na área. Uma solução é nomear um profissional experiente para aconselhar os outros sobre as estratégias de promoção de vendas mais eficazes. Essa pessoa também analisaria os resultados de cada ação para descobrir o que funciona melhor. Uma alternativa seria a empresa contratar uma agência de promoção de vendas especializada que possa recomendar a estratégia mais adequada a ser adotada em cada situação.

Relações públicas (RP)

Está ganhando cada vez mais espaço a ideia de que as relações públicas, por muito tempo negligenciadas no mix de promoção, merecem uma fatia maior do orçamento de comunicação. As relações públicas são a melhor ferramenta de construção de audiência, em particular para produtos de alta tecnologia cujos compradores desejam uma opinião profissional independente antes de optarem por uma marca. Um fabricante desses produtos deve primeiro identificar os formadores de opinião – especialistas, colunistas e outros – que analisam e falam sobre novos produtos. Por exemplo, Walter S. Mossberg, do *Wall Street Journal*, tem uma coluna influente na qual apresenta avaliações de produtos. Muitos clientes valorizam suas recomendações.

Vejamos como a Volvo lançou seu novo SUV (utilitário esportivo) usando RP antes de fazer anúncios.

A Volvo lançou seu novo SUV, o XC90, com uma campanha de RP em vez de uma campanha publicitária espalhafatosa e caríssima. Seus profissionais de marketing identificaram jornalistas-chave e os convidaram a participar desde o início do processo de desenvolvi-

mento do novo automóvel. Mais tarde, os mesmos jornalistas tiveram acesso ao carro acabado e puderam conversar com projetistas, engenheiros e especialistas em segurança. Eles dirigiram o carro e escreveram várias matérias que alcançaram influenciadores importantes. Isso gerou um enorme boca a boca que resultou na pré-venda de 7.500 veículos e fez a Volvo conquistar os prêmios de Utilitário Americano do Ano e SUV do Ano da Motor Trend. Grande parte disso se deu antes que se fizesse qualquer investimento em anúncios.

Marketing direto

Empresas capazes de vender direto aos clientes atuais e potenciais desfrutam uma considerável vantagem. Não precisam pagar comissões a intermediários nem perdem de vista quem está realmente comprando seus produtos. Não precisam manter abastecidos os estoques de intermediários e assim podem gerenciar sua produção em função do volume de pedidos recebidos.

A Dell Computer tornou-se a maior fabricante mundial de computadores pessoais vendendo de forma direta. No início recebia pedidos por telefone, mas agora quase 90% dos negócios são feitos on-line. Os clientes escolhem as especificações desejadas e informam os dados do cartão de crédito. A Dell encomenda aos fornecedores os componentes necessários e em poucos dias monta o computador novo e o envia ao cliente. Enquanto isso, a Dell recebeu o pagamento à vista, mas só paga aos fornecedores em 60 dias, o que significa que ela lucra com a venda em si e ainda obtém ganhos com operações financeiras. A Dell inspirou outras empresas a deixarem de "produzir para estoque" para "produzir por demanda".

▌ Exija que os profissionais de marketing estimem o impacto financeiro de suas solicitações de gastos

A alta direção das empresas vem se mostrando cada vez mais impaciente com os profissionais de marketing que não fornecem uma estimativa do impacto financeiro dos gastos planejados e, pior, do impacto financeiro real decorrente das ações já implementadas.

Na Coca-Cola, a diretoria exige que essas estimativas do "antes e depois" sejam fornecidas. Os executivos sabem que os profissionais de marketing estão "chutando", mas esperam que a suposição deles seja fundamentada. O propósito real da Coca-Cola é criar uma *mentalidade financeira* em seus profissionais de marketing, para que eles se familiarizem com margens, ativos, retorno sobre investimento, valor agregado e valor para o acionista. Quanto mais esses profissionais pensarem em termos financeiros, melhor será o diálogo deles com a área de finanças.

9 | Sua empresa não está bem organizada para o marketing eficaz e eficiente

> **SINAIS:**
> - O líder de marketing não parece muito eficaz.
> - A equipe não possui algumas competências de marketing necessárias no século XXI.
> - Existe um mal-estar entre as áreas de marketing e vendas e os outros departamentos.

O líder da área de marketing não parece muito eficaz

Um executivo-chefe de marketing (*chief marketing officer*, ou CMO) possui três funções. A primeira é gerir bem o departamento, contratando uma equipe competente, definindo altos padrões para o planejamento e a implementação das ações. Deve ainda desenvolver as competências da equipe em pesquisa de mercado, previsão de cenários e comunicação. A segunda função é conquistar a confiança dos líderes dos outros departamentos – finanças, operações, compras, tecnologia da informação e assim por diante – e fazer toda a organização servir e satisfazer os clientes. A terceira função é interagir bem com o CEO e satisfazer suas expectativas de crescimento e rentabilidade.

São poucos os CMOs que se mostram competentes nas três funções. Alguns são competentes em duas delas. E a maioria falha nas três. Neste último caso, está na hora de procurar um novo CMO.

▎ A equipe de marketing não tem as competências necessárias

Tradicionalmente, os departamentos de marketing possuem quatro competências: pesquisa de mercado, propaganda, promoção de vendas e gestão de vendas. São conhecimentos convencionais, e inúmeros livros já foram escritos sobre cada um. No entanto, muitas equipes são deficientes mesmo nesses conhecimentos, além de não apresentarem um conjunto de competências novas necessárias para lidar com os desafios do marketing do século XXI.

▎ Relações tensas entre marketing e outros departamentos

Bastariam apenas algumas entrevistas para verificar se a equipe de marketing é respeitada ou não pelos funcionários dos outros departamentos da empresa. Queixas contra as práticas do pessoal de marketing são frequentes, mas a equipe também aponta vários problemas e atritos em seu relacionamento com os demais departamentos.

> ▎ **SOLUÇÕES:**
> - Nomeie um líder mais forte para o departamento de marketing.
> - Desenvolva novas competências no departamento de marketing.
> - Melhore o relacionamento entre o marketing e os outros departamentos.

▶ Nomeie um líder mais forte para o departamento de marketing

Vice-presidentes de marketing costumam vir de várias áreas: propaganda, vendas, novos produtos e, às vezes, engenharia ou finanças. Eles trazem seus vieses consigo. Espera-se que adotem uma visão mais holística dos princípios, das ferramentas e dos processos de marketing e estabeleçam um bom equilíbrio entre eles.

O desafio dos CMOs é obter o respeito do CEO e dos demais líderes e funcionários dos diferentes departamentos da empresa. Para isso é necessário que as previsões de marketing sejam razoavelmente precisas e que haja prestação de contas das despesas de marketing em termos de sua contribuição para o retorno sobre investimento e outros indicadores financeiros.

Herb Kelleher, o brilhante cofundador da Southwest Airlines, chegou ao ponto de renomear o departamento de marketing: "Nós não temos um Departamento de Marketing, temos um Departamento de Clientes." E nas palavras de um inspirado executivo da Ford: "Se não estivéssemos voltados para os clientes, nossos carros tampouco estariam."

▶ Desenvolva novas competências no departamento de marketing

O ambiente de marketing atual é bem mais desafiador do que era no passado, com um assombroso número de produtos no mercado, hiperconcorrência e margens em queda. Os profissionais de marketing precisam testar iniciativas inovadoras e adquirir novas competências, descritas a seguir.

> **NOVAS COMPETÊNCIAS DE MARKETING**
>
> - Posicionamento.
> - Gestão de ativos de marca.
> - Gestão do relacionamento com o cliente (CRM) e database marketing.
> - Gestão do relacionamento com parceiros (PRM).
> - Central de atendimento ao cliente.
> - Marketing pela internet.
> - Marketing de relações públicas.
> - Marketing de serviço e de experiência.
> - Comunicação integrada de marketing.
> - Análise da lucratividade.
> - Competências orientadoras de marketing.

Posicionamento

Al Ries e Jack Trout introduziram em 1982 o conceito de posicionamento de marca, que se tornou central no marketing.[1] Eles afirmaram que cada marca deveria *possuir uma expressão*: a da Volvo é "segurança", a da BMW é "desempenho ao volante" e a da Tide é "limpa mais limpo". Eles argumentaram que nenhuma marca deve ser lançada como mais uma, mas oferecer um novo e importante benefício e, assim, criar uma nova categoria. Não seja o segundo em uma categoria; seja sempre o primeiro em uma nova categoria.

O conceito de posicionamento evoluiu ainda mais quando Michael Treacy e Fred Wiersema escreveram *A disciplina dos líderes de mercado*.[2] Eles fizeram uma distinção entre três posicionamentos básicos: liderança de produto, excelência operacional e intimidade com o cliente. Uma empresa pode optar pela posição de liderança de produto, se mantendo sempre à frente das demais em qualidade e desempenho do produto. Uma segunda empresa pode ser a líder em excelência operacional, ao apresentar uma excepcional gestão de custos e confiabilidade de serviços. Uma terceira concorrente pode reivindicar a posição de líder em intimidade com o cliente, por conhecer melhor as necessidades de cada consumidor e ajustar suas ofertas de modo compatível. No setor aeroespacial, a GE reivindica a posição de "líder de produto". No negócio do fast-food, o McDonald's reivindica a "excelência operacional", ao passo que o Burger King assume a posição de "intimidade com o cliente".

Treacy e Wiersema afirmaram que normalmente as empresas não conseguiriam se destacar nos três posicionamentos. Primeiro porque seria caro demais e segundo porque eles são contraditórios. Assim, se o McDonald's quisesse ser ao mesmo tempo operacionalmente excelente e íntimo com o cliente, haveria um conflito: os clientes que quisessem o hambúrguer preparado de forma diferente atrasariam os demais pedidos, prejudicando a excelência operacional do McDonald's, que é baseada na padronização.

Portanto, a mensagem de Treacy e Wiersema é liderar em um desses três posicionamentos e estar ao menos na média do mercado nos outros dois. Não fique abaixo da média nos outros dois! Os clientes podem querer comprar do líder do produto, mas o deixarão de lado se sua confiabilidade for baixa ou se ele se recusar a ajustar suas ofertas.

Há alguns anos, Crawford e Mathews ofereceram outra fórmula para o posicionamento. Eles veem as empresas posicionadas ao longo de cinco atributos: *produto, preço, facilidade de acesso, serviço de valor agregado* e *experiência do cliente*.[3] E afirmam que uma empresa será mais lucrativa se *dominar* em um desses atributos, tiver um desempenho acima da média (*diferenciar-se*) em um segundo e estiver *à altura do setor* nos outros três. Crawford e Mathews alertam que seria caro demais para uma empresa tentar ser excelente nos cinco atributos. O Walmart, por exemplo, domina em preços baixos, está acima da média na variedade de produtos e na média na facilidade de acesso, serviço de valor agregado e experiência do cliente.

Com certeza outras ideias se desenvolverão sobre o tema. Minha observação é que existem muitas marcas mal posicionadas e parecidas demais com seus concorrentes, de modo que o posicionamento continua sendo uma competência extremamente necessária.

Gestão de ativos de marca

A gestão de ativos de marca está intimamente relacionada ao posicionamento. Determinadas marcas são tão fundamentais ao desempenho atual e futuro de uma empresa que precisam ser administradas, fortalecidas e protegidas como um ativo. Marcas como Coca-Cola, Sony, Intel e Disney podem ser estendidas para novos produtos, variantes de produto e serviços. E é preciso que haja alguém responsável por fiscalizar o uso desses nomes "superstars". Nenhuma dessas empresas pode permitir que um produto barato ou de qualidade duvidosa seja lançado sob seu nome. A Disney não pode se arriscar a operar lojas ou hotéis mal geridos. A Coca-Cola não pode usar seu nome para um novo detergente ou parque temático. Essas marcas estão muito bem posicionadas, e desvios do centro de posicionamento devem ser evitados.

Gestão de relacionamento com o cliente (CRM) e database marketing

As empresas podem melhorar a precisão de suas ações voltadas ao público-alvo por meio da coleta de informações sobre cada um de seus clientes. Ao construir um banco de dados (*database*) sobre os clientes com histórico de transações, dados demográficos e psicográficos, além de outras informações úteis, a empresa terá melhores condições de ajustar suas ofertas para atendê-los individualmente. Além disso, estatísticos habilidosos podem analisar e cruzar esses dados (*data mining*) para identificar segmentos e tendências que apontem para novas oportunidades. O database de clientes pode ser acessado por gerentes para a realização de planejamento de marketing, merchandising, desenvolvimento de produtos, premiação de clientes, gestão de canais, análise de vendas, vendas cruzadas e análise de promoções. Conhecimentos em CRM vêm sendo muito adotados em departamentos de marketing a fim de criar uma vantagem competitiva em relação aos concorrentes que atuam em um nível de análise mais amador.

Gestão de relacionamento com parceiros (PRM)

À medida que mais empresas realizam boa parte de suas atividades por meio de parcerias, a habilidade de gerir os relacionamentos com parceiros se torna fundamental. A produtividade dos parceiros depende de sua satisfação com as condições do relacionamento e das oportunidades que poderão surgir a partir da parceria estabelecida. A empresa precisa monitorar com regularidade a temperatura do relacionamento com cada um dos grandes parceiros e reagir rapidamente diante de quaisquer sinais de insatisfação ou distanciamento. É preciso indicar um responsável por gerir as relações com fornecedores e outro para gerir as relações com distribuidores, em uma atuação semelhante à do departamento de recursos humanos na gestão das relações com os funcionários. Além disso, deve haver um profissional responsável por cada parceiro importante e por desenvolver um plano de fortalecimento de laços e de desempenho.

Central de atendimento ao cliente

Uma empresa precisa consolidar as ações voltadas para alcançar, ouvir e aprender sobre os clientes no que se convencionou chamar de *central de atendimento ao cliente* (ou *serviço de atendimento ao consumidor*). Originalmente, a central de atendimento era o sistema telefônico da empresa, que recebia ligações e também era utilizada para ações de telemarketing. Atualmente, é preciso integrar todas as informações vindas de "pontos de contato com o cliente", como telefone, correio tradicional, e-mail e visitas às lojas. Assim, a empresa pode reunir informações que fornecerão uma visão de 360 graus de cada cliente.

O CEO de uma grande empresa me relatou um exemplo de falha na integração de informações sobre clientes. Um dia, ele recebeu uma carta de cobrança do banco por deixar de pagar sua hipoteca. Esse CEO era bem conhecido pelo pessoal da área comercial do banco, mas não pelos funcionários do departamento de hipotecas. Ao que parece, a esposa dele havia se esquecido de pagar a hipoteca no mês anterior. O CEO rompeu todas as relações comerciais com aquele banco.

As centrais telefônicas das empresas estão se tornando cada vez mais importantes para atender bem os clientes. Os consumidores precisam ter meios de entrar em contato com as empresas para fazer perguntas, pedidos e reclamações. Responder bem aos questionamentos, registrar os pedidos com precisão e resolver com rapidez as reclamações são competências importantes. E cada chamada pode acrescentar informações valiosas ao cadastro do cliente no banco de dados, podendo também resultar em uma oportunidade de venda.

O telefone também é importante para campanhas de telemarketing. Existe todo um planejamento para se obter um conjunto de números telefônicos de clientes potenciais e saber quando ligar e o que dizer. A eficácia do telemarketing é facilmente aferida pelo índice de vendas obtidas com as chamadas.

A atividade é tão importante para o marketing eficaz que muitas organizações terceirizaram essa operação para empresas especializadas em telemarketing. No Japão, Sony, Sharp, Toshiba e várias outras contrataram a Bell 24, uma das maiores do setor.

Um dos aspectos negativos das operações com centrais telefônicas é o excesso de automação do sistema de atendimento. O cliente recebe diversas opções, escolhe uma delas e é direcionado para outro conjunto de opções. Isso acontece sucessivas vezes, sem nenhuma chance de falar com um atendente real, podendo resultar na perda de uma oportunidade de venda ou até do cliente. Embora a automação telefônica reduza os custos – o que agrada o pessoal da área financeira –, é preciso reconhecer que, em excesso, ela pode gerar custos maiores decorrentes da perda de vendas e da redução da satisfação dos clientes. Uma solução útil é assegurar que quem telefona saiba que, a qualquer momento, pode teclar zero e falar com um atendente real.

Marketing pela internet

Praticamente todas as empresas criaram o próprio site, onde os visitantes podem encontrar todas as informações sobre a organização: linha de produtos; história; missão, visão e valores; oportunidades de emprego; contato e notícias. Algumas empresas vão além e utilizam seu site como um canal de vendas, como a Dell Computer, a Amazon, a W. W. Grainger e dezenas de outras que vendem pela internet.

Mas existem diversas aplicações adicionais úteis ao marketing que podem ser realizadas via site e que muitas empresas ainda não exploraram: pesquisa de mercado, inteligência competitiva, testes de conceito e de produtos, distribuição de cupons e amostras, customização de produtos e treinamento de funcionários e revendedores. O segredo para o sucesso é a contratação de especialistas que saibam como explorar ainda mais o potencial da rede.

Marketing de relações públicas

Por muito tempo as atividades de relações públicas foram negligenciadas no mix de promoção, mas agora estão ganhando proeminência. Alguns anos atrás, Tom Harris escreveu um livro chamado *A Marketer's Guide to Public Relations* (Guia do marqueteiro das relações públicas), que destacava como muitas campanhas de RP inteligentes, não a propaganda, mereciam o crédito pela criação de vários produtos de sucesso.[4] Tom foi sócio da empresa de RP Golin-Harris, grande responsável pelas ações de RP do McDonald's desde seus primórdios. Em vários aspectos, o McDonald's é um exemplo de sucesso de relações públicas, com seu hospital infantil, parques infantis, contribuições para caridade, patrocínios e os Arcos Dourados.

Empresas de alta tecnologia descobriram cedo que ações de RP são cruciais para a divulgação de informações sobre novos produtos, que são apresentados a formadores de opinião na esperança de que façam uma recomendação altamente positiva. Os departamentos de RP dessas empresas cultivam o hábito de chamar a atenção da imprensa para disseminar notícias positivas sobre o produto, além de criarem eventos e patrocínios com bastante visibilidade.

A defesa mais contundente do importante papel das relações públicas encontra-se no livro de Al e Laura Ries *A queda da propaganda*. Os autores reposicionaram as relações públicas como uma ferramenta de comunicação a ser utilizada nos estágios iniciais do processo de lançamento comercial, ao passo que a propaganda deve ser usada nos estágios posteriores.

O fato principal aqui é que o departamento de marketing deve possuir habilidades de RP, para que a empresa não precise recorrer a um departamento de RP ou a uma agência de fora quando necessário.

Marketing de serviço e experiência

Um serviço excepcional pode ser um diferencial poderoso na ausência de outras características que desempenhem esse papel. Leonard Berry, um dos grandes especialistas em marketing de serviço, entrevistou pessoalmente várias empresas que eram muito elogiadas por seu serviço excepcional – como The Container Store, Charles Schwab Corporation, Chick-fil-A, Custom Research, Enterprise Rent-A-Car e USAA – em busca de melhorar a compreensão do marketing de serviço.[5] Ele descobriu que as práticas mais notáveis são:

- Liderança orientada para valores.
- Foco estratégico.

- Excelência operacional.
- Controle do destino.
- Relacionamentos baseados na confiança.
- Investimento no sucesso dos funcionários.
- Agir como se fosse pequeno.
- Cuidado com a marca.
- Generosidade.

O marketing de serviço foi alçado a um novo patamar pelos primeiros trabalhos sobre *marketing de experiência*. Joe Pine e James Gilmore acreditam que as empresas devem desenvolver habilidades em projetar *experiências* de marketing.[6] A ideia possui muitas origens. Grandes restaurantes são conhecidos pela "experiência do cliente" tanto quanto pela comida. Estabelecimentos como Planet Hollywood e Hard Rock Café foram especificamente criados para fornecer uma experiência especial. A Starbucks cobra 2 dólares ou mais para proporcionar uma experiência de consumo do café em um ambiente especial. Os hotéis de Las Vegas, ávidos por se destacarem, assumem ares de Roma Antiga, Veneza ou Nova York. Mas o mestre em "experiência" é Walt Disney, que criou em seus parques simulações do Velho Oeste, castelos de contos de fadas, navios piratas, etc. O objetivo do profissional de marketing de experiência é acrescentar drama e entretenimento ao que normalmente seria um cardápio insosso.

Assim, entramos em Niketown para comprar tênis de basquete e damos de cara com uma foto de 4,5 metros de Michael Jordan. Depois seguimos até a quadra de basquete para testar se os tênis da Nike ajudam a fazer mais cestas. Ou entramos na REI, loja especializada em esportes praticados ao ar livre, e experimentamos o equipamento de alpinismo no muro de escalada, além de testar o casaco impermeável passando por uma chuva simulada. Ou então entramos na Bass Pro para comprar uma vara de pesca e a testamos no laguinho de peixes.

Todos os comerciantes oferecem serviços. O desafio é conduzir o cliente por uma experiência memorável.

Comunicação integrada de marketing

Entre as competências mais importantes de marketing estão a comunicação e a promoção. Comunicação é o termo mais amplo e vai acontecer – quer seja planejada ou não. As roupas do vendedor comunicam, o catálogo comunica, a decoração do escritório da empresa comunica... Tudo isso cria impressões em quem chega. Isso explica o interesse crescente na *Comunicação Integrada de Marketing (CIM)*.[7] As empresas precisam coordenar um conjunto consistente de impressões transmitidas por seu pessoal, suas instalações e ações, a fim de entregar o sentido e a promessa de sua marca aos diversos públicos. Tudo começa pela definição dos valores da organização e pela garantia de que são entendidos e praticados por todos os funcionários da empresa.

Análise da lucratividade

A maioria das empresas não sabe sua lucratividade real por regiões geográficas, produtos, segmentos, clientes e canais. Com frequência, elas supõem que seus lucros são proporcionais ao volume de vendas, mas com isso não levam em conta as margens e os custos diferentes. Por exemplo, muitas empresas já deixaram de acreditar que seus maiores clientes são os mais lucrativos. Grandes clientes costumam exigir preços menores e uma quantidade considerável de serviços. Por outro lado, alguns clientes de porte médio são mais lucrativos, considerando a taxa de retorno em função do custo de atendê-los. Os departamentos contábeis das empresas, embora prontos para realizar análises profundas de custos e variações de produção, estão menos dispostos ou são menos capazes de demonstrar os custos de várias ações de marketing e relacioná-los aos respectivos fluxos de receita. Assim, dois clientes que gastam a mesma quantia podem render lucros diferentes. Se um cliente vive telefonando para a empresa pedindo descontos, consumindo diversos outros serviços e pagando suas faturas com atraso, ele é menos lucrativo do que o segundo cliente que não faz nada disso.

Felizmente, Robert Kaplan e Robin Cooper delinearam uma abordagem correta da contabilidade de lucros com o método de Custeio Baseado em Atividades (*Activity-Based Costing*, ou ABC).[8] Essa metodologia exige que os vendedores informem quanto tempo e quais despesas cada cliente consome, de modo semelhante ao que fazem os advogados que cobram por hora.

Assim, os profissionais de marketing precisam desenvolver competências financeiras e de medição de lucros para melhorar a prestação de contas do departamento de marketing relativa à destinação de recursos por regiões geográficas, produtos, segmentos, clientes e canais.

Competências orientadoras de mercado

O marketing eficaz tem sido tradicionalmente definido como a capacidade de "identificar necessidades e satisfazê-las". Isso define uma *empresa orientada pelo mercado*. Mas, com tantas necessidades sendo satisfeitas por inúmeros produtos, o desafio agora é inventar novas necessidades. Essa é a meta da *empresa orientadora de mercado*. Nas palavras de Akio Morita, líder visionário da Sony: "Nosso plano é guiar o público para novos produtos em vez de perguntar que produtos ele deseja. As pessoas não sabem o que é possível, mas nós sabemos." E segundo um executivo da 3M: "Nossa meta é levar os clientes aonde eles quiserem ir antes de *eles* saberem aonde querem ir."[9]

Empresas orientadoras de mercado revolucionam seus setores ao criar uma *nova proposição de valor* e/ou um *novo sistema de negócio* que ofereça um salto em termos de benefícios e/ou reduções nos esforços/custos de aquisição. Muitos concorrentes podem imitar a nova proposição de valor, mas tendem a ser menos bem-sucedidos em copiar o sistema de negócio. Empresas orientadoras de mercado apresentam as seguintes características:[10]

- Guiam-se por uma visão e não pelas pesquisas de mercado tradicionais (FedEx, Body Shop, Swatch).
- Redesenham a segmentação do setor (Southwest, Walmart, SAP).
- Criam valor por meio de novos padrões de preço (Southwest, Charles Schwab e Walmart estabelecem preços mais baixos; CNN, Starbucks e FedEx fixam preços mais altos).
- Aumentam as vendas educando o cliente (IKEA).
- Reconfiguram canais (FedEx, Southwest, Benetton).
- Usam propaganda boca a boca (Southwest, Club Med, Virgin).
- Superam as expectativas do cliente (FedEx, Home Depot, Southwest).

▶ Melhore o relacionamento entre o marketing e os outros departamentos

Outra iniciativa para desenvolver um departamento de marketing mais forte é melhorar o relacionamento com todos os outros departamentos da empresa. Examinaremos os relacionamentos listados a seguir.

> **▶ RELACIONAMENTO DO MARKETING COM OS OUTROS DEPARTAMENTOS**
>
> - Marketing e vendas.
> - Marketing, pesquisa e desenvolvimento e engenharia.
> - Marketing e produção.
> - Marketing e compras.
> - Marketing e contabilidade.
> - Marketing e financeiro.
> - Marketing e logística.

Marketing e vendas

Pode parecer surpreendente afirmar que o marketing precisa melhorar suas relações com o departamento de vendas. Na maioria das empresas, os dois departamentos são encabeçados por vice-presidentes ou diretores diferentes. O marketing normalmente cuida do planejamento de produto e de mercado, de políticas de preço, geração de *leads* e comunicação. A área de vendas é responsável por alcançar e desenvolver clientes e obter pedidos. Muitos atritos podem surgir. O vice-presidente de vendas pode exigir que o marketing reduza os preços, ou pode solicitar uma fatia maior do orçamento para contratar mais vendedores ou remunerá-los melhor. O vice-presidente de marketing pode preferir usar os recursos em campanhas de fortalecimento da marca ou para atender à demanda e pode justificar os preços maiores como um meio de pagar pelos custos de comunicação.

A questão central é se os dois gestores se respeitam e buscam definir de forma objetiva (e não política) qual é a melhor divisão dos recursos entre marketing e vendas. Isso reforça a necessidade de desenvolver uma prestação de contas das despesas de marketing/vendas mais sólida, para que as questões possam ser dirimidas com base em dados concretos sobre a eficácia das ações desenvolvidas.

Outras medidas também podem melhorar o relacionamento entre o pessoal de marketing e de vendas. Primeiro, o planejamento de marketing precisa envolver um ou mais vendedores no processo, para que opinem e apoiem o plano. Segundo, haverá ganhos de relacionamento se o pessoal de marketing sair dos escritórios e passar a viajar com os vendedores, a fim de compreender melhor tanto os clientes quanto os vendedores. Os profissionais de marketing podem tomar decisões melhores se encararem os vendedores como clientes imediatos que também precisam ser satisfeitos.

Marketing, pesquisa e desenvolvimento e engenharia

O único problema do marketing com a área de pesquisa e desenvolvimento (P&D) acontece quando ele não é convidado a participar dos estágios iniciais do desenvolvimento de novos produtos. Nos projetos novos, cientistas e engenheiros farão uma série de suposições sobre os clientes e as forças de mercado que talvez não tenham embasamento suficiente. Eles podem superdimensionar o produto, o que elevaria demais seu preço; ou podem descrever o produto em linguagem muito técnica, enfatizando as características em vez dos benefícios. Tudo isso pode ser melhorado se os profissionais de marketing trabalharem de forma mais próxima do pessoal de P&D e dos engenheiros a fim de fornecer orientação sobre os consumidores fundamentada em dados objetivos.

Marketing e produção

O marketing muitas vezes interfere nos processos de produção que já estão ajustados. Pode planejar uma promoção especial que exija que a fábrica aumente seu ritmo de produção, o que envolve horas extras a um custo mais alto. Ou pode solicitar lotes menores do produto para mercados específicos, fazendo com que a fábrica precise ajustar seu maquinário e seus moldes.

Quem deve prevalecer? A resposta será definida pela receita resultante desses pedidos que elevam os custos. Se os pedidos do marketing resultarem em lucros maiores, sua solicitação deve se atendida. Quando não houver essa certeza, talvez seja melhor o marketing não interferir na produção até que possa obter um grande lucro.

Marketing e compras

O marketing desenvolveu marcas que prometem qualidade. O departamento de compras precisa atender os padrões de qualidade esperados – ainda que seja tentado a reduzir custos. Se o pessoal de compras optar por fornecedores piores ou mais lentos, as promessas do marketing aos clientes não serão cumpridas. O marketing precisa desenvolver boas relações com o pessoal de compras para assegurar o cumprimento dos padrões de qualidade.

Marketing e contabilidade

O pessoal de marketing pode ter uma série de preocupações com o departamento contábil. Os contadores da empresa são os responsáveis por enviar faturas e receber os pagamentos. Se os clientes telefonam reclamando que as faturas não estão detalhadas ou são difíceis de entender, os contadores respondem rápido? Se os clientes atrasam os pagamentos, os contadores assumem uma abordagem de cobrança cuidadosa ou incisiva? Os contadores preparam estudos úteis sobre a lucratividade segundo áreas geográficas, produtos, segmentos do mercado, clientes e canais?

Marketing e financeiro

A grande divergência entre os dois departamentos envolve a responsabilização do marketing pelo impacto financeiro de suas despesas. Sem um argumento forte do marketing de que os recursos solicitados vão produzir um lucro mensurável, o departamento financeiro fica menos disposto a conceder os recursos. A área financeira também é cautelosa em aceitar novos clientes cuja capacidade de pagamento é questionável. A equipe de vendas considera o pessoal responsável por essa análise muito conservador, pois a recusa de negócios novos acaba reduzindo suas comissões.

Marketing e logística

Para conseguir fechar pedidos, os vendedores costumam fazer promessas relacionadas a prazos de entrega. Entregas atrasadas podem afastar os clientes. Às vezes a culpa pode ser do departamento de compras ou do de produção. Ou pode ser do setor de estoque ou do de expedição. Os profissionais de marketing têm grande interesse no desempenho confiável do pessoal envolvido na logística.

10 | Sua empresa não explora todo o potencial da tecnologia

> **SINAIS:**
> - A empresa usa muito pouco a internet.
> - O sistema de automação de vendas da empresa está ultrapassado.
> - A empresa não utiliza nenhum instrumento de automação de mercado.
> - O departamento de marketing não possui modelos de apoio à tomada de decisões.
> - O departamento de marketing precisa desenvolver painéis de controle (*dashboards*) de marketing.

Aproveitamento insuficiente da internet

Muitas empresas acreditam que estão usando o pleno potencial da internet porque criaram um ou mais sites e talvez até realizem vendas on-line. Mas isso representa somente 10% das oportunidades proporcionadas pela rede mundial de computadores.

O sistema de automação de vendas está ultrapassado

Os vendedores costumam usar um programa de software para lembrar dados de seus clientes. Mas os programas de software recebem aprimoramento contínuo e precisam ser atualizados.

▶ Não há exemplos de automação de mercado

Algumas decisões de marketing podem ser tomadas com mais facilidade ou maior qualidade quando se recorre a um software em vez de se confiar apenas nas decisões humanas. No entanto, nem todas as empresas usam automação de marketing.

▶ Há poucos modelos formais de decisão

A maioria das decisões de marketing ainda é tomada de forma intuitiva. No entanto, as decisões da empresa podem se beneficiar da construção e da utilização de modelos formais de decisão de marketing.

▶ Painéis de controle de marketing são pouco utilizados

No jogo do marketing, vence o competidor que possui as melhores informações. Dados podem ser codificados e disponibilizados aos gerentes por *painéis de controle* (*dashboards*) exibidos na tela do computador. Na primeira década do século XXI, os painéis são relativamente primitivos em relação ao que pode ser feito.

> **SOLUÇÕES:**
> - Use mais a internet.
> - Melhore o sistema de automação de vendas.
> - Aplique a automação de mercado às decisões rotineiras de marketing.
> - Desenvolva alguns modelos formais de decisões de marketing.
> - Desenvolva painéis de controle (*dashboards*) de marketing.

Explore a internet

A internet tem muito mais aplicações do que muitas empresas normalmente exploram. A seguir, listamos as principais.

Um site eficaz

A aplicação de marketing mais importante da internet é a criação de um site eficaz e atraente que apresente a empresa, seus produtos, seus distribuidores, suas oportunidades de trabalho e seus dirigentes. Nem todos os sites são eficientes ou amigáveis. Há casos em que o tempo de carregamento da página é excessivo por causa do uso de imagens muito pesadas, ou em que navegar pelas páginas ou realizar uma compra on-line pode se revelar um processo confuso. Há ainda sites que não oferecem informações capazes de trazer o usuário de volta ou que possuem um design sem graça, igual a muitos outros, e que não transmite a personalidade da empresa.

É razoavelmente simples fazer uma avaliação da eficácia do site de sua empresa. O principal grupo a ser pesquisado são seus clientes. Como é a experiência de navegação deles e quais são suas sugestões de melhoria? Você também pode contratar especialistas para fazer uma avaliação e obter sugestões.

As empresas precisam descobrir como acrescentar valor aos seus sites para conseguir atrair os visitantes de volta. Por exemplo, a Sony usa o site www.PlayStation.com para desenvolver um relacionamento com fãs de games de todas as idades. O site oferece informações sobre lançamentos, notícias de eventos e promoções, guias e suporte para jogos e até fóruns on-line para que os jogadores possam trocar dicas e informações.

Uma intranet eficaz

Sua empresa precisa usar a intranet como uma eficiente ferramenta de comunicação interna. Os funcionários devem ser capazes de se comunicar por e-mail, fazer download de documentos do mainframe e também upload de relatórios de vendas e outras informações.

Extranets eficazes

As empresas estão cada vez mais conectadas com seus principais fornecedores, distribuidores e revendedores, sendo a internet sua grande plataforma. Assim, uma empresa como a Ford pode enviar pedidos para a reposição do estoque de peças de automóveis aos seus fornecedores sem precisar telefonar ou enviar documentos impressos. Também é possível fazer o pagamento das peças por meios eletrônicos e ainda enviar informações aos revendedores diariamente com sugestões de vendas, mudanças de preços, pesquisas de carros, etc. Em todos esses casos, as empresas economizam tempo e dinheiro ao investir em vínculos eletrônicos com seus maiores fornecedores, distribuidores e revendedores.

Treinamento on-line

Todas as empresas precisam manter seus funcionários atualizados em relação às competências necessárias para a realização de suas atividades. No passado, isso significava reunir o pessoal em um local e oferecer um programa de treinamento que poderia durar vários dias. As empresas arcavam com elevados custos de viagens e hotéis, além das perdas relativas à produção e ao tempo dedicado às vendas. Graças à internet, as empresas estão cada vez mais desenvolvendo materiais de treinamento para visualização on-line por meio de senhas. Os funcionários devem dedicar algum tempo à leitura do material e à realização dos testes. A IBM, por exemplo, no início da década de 2000, realizava 25% de seus treinamentos na modalidade on-line, economizando assim milhões de dólares.

Seleção e recrutamento

A internet facilitou muito a busca de talentos, que pode ser feita de duas formas: a empresa publica anúncios de oportunidades em seu site ou utiliza sites especializados para preencher suas vagas.

Cotações e compras on-line

A maneira mais rápida de economizar dinheiro em compras é fazer tudo pela internet. Empresas podem usar a rede para identificar novos fornecedores de insumos, comparar preços, procurar produtos novos ou usados em sites de leilão, além de anunciar suas necessidades e solicitar propostas. As cotações on-line reduzem os custos diminuindo a necessidade de lidar com vendedores e proporcionando maior transparência de preços aos compradores.

Pesquisas de mercado on-line

Essa grande via de circulação de informações que caracteriza a internet é uma verdadeira dádiva para os pesquisadores de mercado. Uma empresa pode aprender muito sobre seus concorrentes coletando e reunindo informações disponíveis na rede. Os pesquisadores de mercado também podem realizar on-line grupos de discussão, painéis de consumidores e painéis de revendedores a fim de testar novas ideias de produtos, serviços e peças de comunicação. A empresa pode enviar ofertas diferenciadas para grupos semelhantes e avaliar a diferença das respostas. E ainda oferecer cupons ou amostras e verificar se resultam em compras. Em resumo, a internet incrementa as possibilidades de pesquisa de marketing da empresa.

❙▶ Melhore seu sistema de automação de vendas

Sua equipe de vendas deve contar com o mais moderno sistema de automação de vendas. O sistema torna os vendedores capazes de responder a quaisquer dúvidas de um cliente atual ou potencial e de tomar decisões em nome da empresa. Por exemplo, digamos que um cliente potencial mostre interesse na proposta de um vendedor, mas diga que precisa da entrega em no máximo três dias. Usando o sistema de automação de vendas, o vendedor clica na posição de estoque e informa ao cliente que a entrega pode ser feita em dois dias. O cliente fica satisfeito, mas hesita: "Preciso de um preço melhor." O vendedor então consulta seu sistema de automação de vendas e diz: "Não quero que você perca o pedido. Posso reduzir o preço em 2%. Mas isto é o máximo que posso oferecer." "Está bem", responde o cliente potencial, mas, ainda hesitante, completa: "Não concordo com a cláusula de responsabilidade no quarto parágrafo do contrato." O vendedor sugere uma alteração no parágrafo e o cliente concorda. No fim o cliente faz o pedido e assina o contrato.

Assim, o sistema de automação de vendas fornece aos vendedores os conhecimentos necessários para tomar decisões rentáveis em nome da empresa.

▎▶ Aumente o uso da automação de mercado

Uma série de decisões de marketing do dia a dia pode ter melhores resultados quando se utiliza um software de apoio em vez de se basear apenas na opinião de pessoas. O fato de que um software pode tomar melhores decisões do que seres humanos é bem ilustrado pelo Deep Blue, da IBM, que derrotou o maior campeão de xadrez vivo, Gary Kasparov. Se é possível desenvolver um programa para encarar um jogo tão complexo quanto o xadrez, com certeza o mesmo pode ser feito para tomar algumas decisões de marketing de rotina. Eis dois exemplos:

1. As companhias aéreas gostariam de vender o máximo de assentos possível em um voo programado antes que o avião decole. Qualquer valor obtido por um assento que não seria vendido superará o custo. As companhias aéreas usam softwares para orientar a *política de preços baseada em resultados*. Os softwares determinam quando, antes de um voo, o preço de um assento deve ser reduzido e envia a informação para agentes de viagens e determinados clientes. Uma companhia aérea do porte da American Airlines prefere confiar no software a ter diversos funcionários envolvidos o tempo todo na mudança das tarifas aéreas.
2. A escolha da posição que os produtos ocuparão nas prateleiras pode ser mais bem realizada com o uso de um software do que por palpite. A Kraft gerencia a categoria dos queijos para várias lojas e consegue definir a melhor combinação de marcas de queijo e seu posicionamento nas prateleiras em lojas de áreas de baixa, média e alta renda.

No futuro, podemos esperar que as empresas continuem investindo na automação das decisões de marketing do dia a dia.

I▶ Desenvolva modelos de apoio às decisões

Desde a década de 1960, especialistas em marketing da área acadêmica vêm desenvolvendo modelos de apoio às tomadas de decisões de marketing. São conhecidos como CALLPLAN, DETAILER, MEDIAC, PROMOTER, entre outros.[1] Cada modelo era empregado em uma área de decisão específica do marketing. Atualmente, empresas estão testando os próprios *modelos para o mix de marketing* que combinem os efeitos individuais e coletivos de um mix de marketing sobre as vendas e os lucros. Para desenvolver esses modelos, a empresa pode recorrer a diversos fornecedores de gestão de recursos de marketing, como Veridiem ou Marketing Management Analytics.

I▶ Desenvolva painéis de controle (*dashboards*) de marketing

Quando dirigimos um carro, temos o auxílio de vários instrumentos no painel do veículo. Imagine um avião decolando à noite, subindo 10 mil metros e depois aterrissando com segurança tendo um painel de controle como o único guia para o piloto. Trata-se de um voo por *fly-by-wire*, ou seja, o famoso voo por instrumentos. Será que uma empresa também consegue orientar seu voo rumo aos objetivos confiando apenas nas informações de seu painel de controle?

Podemos distinguir três tipos de painel de controle que são comumente usados:

1. *Painel de controle do desempenho de marketing.* Informa a posição da empresa em relação a seus objetivos. Nele seriam incluídos os dados mais recentes sobre vendas, participação no mercado, custos e preços praticados pela empresa e seus concorrentes. Sinais vermelhos indicariam metas não atingidas. O usuário poderia detalhar qualquer desses números para analisar qual seria a causa do problema. E poderia descobrir que um dos três vendedores da área de Chicago está longe de cumprir

sua meta. Isso seria um sinal para entrar em contato com ele a fim de descobrir o que aconteceu e se daria para corrigir.

2. *Painel de controle de processos de marketing.* Orienta os usuários sobre como executar qualquer processo de marketing da forma ideal. Assim, uma nova gerente de marca pode querer fazer um teste de conceito. Ela digita *teste de conceito* e a tela do computador mostra que o teste possui quatro etapas. Para cada uma delas, um exemplo é fornecido com dicas de como realizá-la com eficiência. Em essência, um orientador foi posto no computador para orientar os gerentes de marcas. Outros processos seriam teste de mercado, escolha de uma nova agência de publicidade, etc. A Procter & Gamble se esforçou para codificar todos os seus processos dessa maneira.

3. *Painel de controle de ferramentas de marketing.* Contém programas estatísticos que podem ser aplicados a conjuntos de dados para identificar médias, desvios padrão, tabulações cruzadas, análises de regressão, análises discriminatórias, análises fatoriais, análises de agrupamentos (*clusters*), etc.

EPÍLOGO

Os 10 mandamentos do marketing eficaz

A teoria do marketing é sólida, mas sua prática deixa muito a desejar. Listei os 10 pecados mortais – ou deficiências, fraquezas, chame como quiser – do marketing como é de fato praticado. Descrevi os principais sinais de cada pecado e propus soluções. A aplicação dessas soluções transformará esses pecados nos *10 mandamentos para obter alta produtividade e lucratividade em marketing*. Eles estão listados a seguir. Emoldure e pendure na parede do seu escritório!

1. A empresa segmenta o mercado, escolhe os melhores segmentos e desenvolve uma posição forte em cada segmento escolhido.
2. A empresa mapeia as necessidades, as percepções, as preferências e o comportamento dos clientes e motiva seus stakeholders a serem obstinados em servir e satisfazer os clientes.
3. A empresa conhece seus maiores concorrentes, inclusive suas forças e fraquezas.
4. A empresa transforma seus stakeholders em parceiros e os recompensa com generosidade.
5. A empresa desenvolve sistemas para identificar, avaliar e escolher as melhores oportunidades.
6. A empresa gerencia um sistema de planejamento de marketing que a conduz à criação de planos perspicazes de longo e curto prazos.
7. A empresa exerce um sólido controle sobre seus produtos e seu mix de serviços.

8. A empresa desenvolve marcas fortes usando as ferramentas de comunicação e promoção com a melhor relação custo-benefício.
9. A empresa constrói uma liderança de marketing e o espírito de equipe entre seus diferentes departamentos.
10. A empresa adere a novas tecnologias que lhe dão vantagem competitiva no mercado.

Agradecimentos

Este livro se baseia em muitos anos de trabalho com empresas de consultoria e clientes individuais. Eu gostaria de agradecer especialmente à Hamilton Consultants, de Cambridge, Massachusetts (www.hamiltonco.com). Uma versão original das 10 descobertas mais comuns foi criada por Will Rodgers, coautor ao meu lado de *The Marketing Audit Comes of Age*, e seus colegas do MAC Group e da Hamilton Consultants. Eles fundamentaram suas conclusões nos resultados de mais de 75 auditorias de marketing de unidades de negócios realizadas ao longo de 15 anos. A Hamilton modificou ainda mais o processo de auditoria em algo que denominou "Melhoria dos lucros com base no mercado", onde os resultados da auditoria são relacionados ao impacto no resultado financeiro. Utilizei a lista das principais deficiências de marketing e minha experiência de consultor como trampolim para desenvolver este livro.

Também quero agradecer ao Kotler Marketing Group, de Washington, D.C. (www.kotlermarketing.com), por seu empenho em identificar as principais deficiências de marketing e propor soluções inovadoras. O Kotler Marketing Group é voltado para o marketing estratégico e tem trabalhado com clientes do porte de AT&T, IBM, JP Morgan, Northwestern Mutual, Weyerhaeuser, Baxter, Pfizer, Shell Chemical, Ford, McDonald's, Michelin e SAS Airlines. O presidente e fundador da instituição, Milton Kotler, tem demonstrado uma extraordinária imaginação para o marketing ao trazer um pensamento novo e nada convencional para orientar as soluções das empresas.

Notas

Introdução O cenário atual do marketing

1. Doug Hall, *Jump Start Your Business Brain*. Cincinnati: Brain Brew Books, 2001, p. 3.
2. Naomi Klein, *Sem logo: A tirania das marcas em um planeta vendido*. Rio de Janeiro: Record, 2002.

1 Sua empresa não é suficientemente focada no mercado e orientada para o cliente

1. Hal Rosenbluth e Diane McFerrin Peters. *O cliente em segundo lugar: coloque seu pessoal em primeiro lugar*. São Paulo: M. Books, 2004.

2 Sua empresa não entende plenamente seus clientes-alvo

1. Don Peppers e Martha Rogers, *The One-to-One Future*. Nova York: Doubleday/Currency, 1993.
2. Estudos TAIC.
3. Paco Underhill, *Vamos às compras! A ciência do consumo nos mercados globais*. Rio de Janeiro: Elsevier, 2009.

3 Sua empresa precisa definir e monitorar melhor seus concorrentes

1. Clayton M. Christensen, *O dilema da inovação: quando as novas tecnologias levam empresas ao fracasso*. São Paulo: M. Books, 2011.

4 Sua empresa gerencia mal o relacionamento com os stakeholders

1. Frederick F. Reichheld, *Princípios da lealdade*. Rio de Janeiro: Elsevier, 2001.
2. Declaração sobre a Caterpillar.

5 Sua empresa não é boa em identificar oportunidades

1. Gary Hamel, "Bringing Silicon Valley Inside Your Company", *Harvard Business Review*, setembro-outubro de 1999, pp. 71-84.
2. Ver, por exemplo, James M. Higgins, *101 Creative Problem Solving Techniques*. Winter Park, FL: New Management Publishing Company, 1994.
3. Philip Kotler e Fernando Trias de Bes, *Marketing lateral: uma abordagem revolucionária para criar novas oportunidades em mercados saturados*. Rio de Janeiro: Elsevier, 2004.

7 As políticas de produtos e serviços de sua empresa precisam de ajustes

1. Philip Kotler, "Phasing Out Weak Products", *Harvard Business Review*, março-abril de 1965, pp. 107-118.
2. Marketing Leadership Council, *Stewarding the Brand for Profitable Growth*. Washington, DC: Corporate Executive Board, dezembro de 2001, p. 179.

8 As habilidades de construção de marca e comunicação de sua empresa são ineficazes

1. "Brands in an Age of Anti-Americanism", *Business Week*, 4 de agosto de 2003, pp. 69-78.
2. Tim Ambler, *Marketing and the Bottom Line*, 2ª ed. Londres: FT Prentice Hall, 2003.
3. Al Ries e Laura Ries, *A queda da propaganda: da mídia paga à mídia espontânea*. Rio de Janeiro: Elsevier, 2002.

9 Sua empresa não está bem organizada para o marketing eficaz e eficiente

1. Al Ries e Jack Trout, *Positioning: The Battle for Your Mind*. Nova York: Warner Books, 1982.
2. Michael Treacy e Fred Wiersema, *A disciplina dos líderes de mercado*. Rio de Janeiro: Rocco, 1995.
3. Fred Crawford e Ryan Mathews, *The Myth of Excellence: Why Great Companies Never Try to Be the Best at Everything*. Nova York: Crown Business, 2001.
4. Thomas L. Harris, *The Marketer's Guide to Public Relations*. Nova York: John Wiley & Sons, 1991.
5. Leonard J. Berry, *Discovering the Soul of Service*. Nova York: Free Press, 1999.
6. B. Joseph Pine II e James H. Gilmore, *O espetáculo dos negócios*. Rio de Janeiro: Elsevier, 1999.
7. Don E. Schultz, Stanley I. Tannenbaum e Robert F. Lauterborn, *Integrated Marketing Communications*. Lincolnwood, IL: NTC Business Books, 1993.
8. Robert S. Kaplan e Robin Cooper, *Custo e desempenho: administre seus custos para ser mais competitivo*, São Paulo: Futura, 1998.
9. Ver Gary Hamel e C.K. Prahalad, "Seeing the Future First". *Fortune*, 5 de setembro de 1994, pp. 64-70; Philip Kotler, *Marketing para o século XXI*, Rio de Janeiro: Ediouro, 2009, pp.18-23; e Anthony W. Ulwick, "Turn Customer Input Into Innovation". *Harvard Business Review*, janeiro de 2002, pp. 91-97.
10. Nirmalya Kumar, Philip Kotler e Lisa Sheer, "Market Driving Companies". *European Management Journal*, abril de 2000, pp. 129-142.

10 Sua empresa não explora todo o potencial da tecnologia

1. Ver Philip Kotler, *Administração de marketing*. São Paulo: Atlas Editora, 1998.

CONHEÇA OUTRO TÍTULO DO AUTOR

Marketing 4.0

Este livro comprova mais uma vez por que Philip Kotler é considerado o pai do marketing moderno. Em seu livro anterior, ele explicou a transição do marketing orientado ao produto (1.0) para o focado no consumidor (2.0) e então para o centrado no ser humano (3.0), em que produtos, serviços e culturas empresariais devem adotar e refletir valores humanos para serem bem-sucedidos.

Agora, junto com Hermawan Kartajaya e Iwan Setiawan, Kotler examina as importantes transformações na passagem do marketing tradicional para o digital (4.0). Eles mostram não só como a conectividade alterou de forma radical o modo como vivemos, mas como entender os caminhos do consumidor na era digital e adotar um conjunto novo de métricas e práticas de marketing.

Para alcançar o sucesso em um ambiente tão mutável, complexo e competitivo, o marketing deve guiar o consumidor ao longo de uma jornada que começa na apresentação e assimilação da marca e termina na fidelização total. Este livro ensina você a identificar as novas tendências e aplicações do marketing digital para compreender melhor:

- como o peso da opinião de familiares e amigos alterou o caminho do consumidor, que agora passa pelos cinco As (assimilação, atração, arguição, ação e apologia)
- qual é o papel das subculturas digitais mais ativas na defesa da marca – jovens, mulheres e *netizens* (cidadãos da internet)
- de que maneira o marketing on-line e o off-line devem se complementar para proporcionar ao cliente um envolvimento mais profundo
- como o marketing de conteúdo aumenta a curiosidade pela marca ao criar valor para o consumidor

CONHEÇA OS LIVROS DE PHILIP KOTLER

Marketing 4.0

Os 10 pecados mortais do marketing

Para saber mais sobre os títulos e autores da Editora Sextante,
visite o nosso site e siga as nossas redes sociais.
Além de informações sobre os próximos lançamentos,
você terá acesso a conteúdos exclusivos
e poderá participar de promoções e sorteios.

sextante.com.br